भगवा ध्वज

भगवा ध्वज

भारत के पौरुष और पराक्रम की पुरातन पताका

डॉ. मयंक मुरारी

वाणी प्रकाशन

प्रथम संस्करण : 2023

वाणी प्रकाशन

4695, 21-ए, दरियागंज, नयी दिल्ली-110 002

फ़ोन : +91 11 23273167 फ़ैक्स : +91 11 23275710

शाखाएँ

अशोक राजपथ, पटना-800 004, बिहार

कॉफ़ी हाउस कैम्पस, महात्मा गांधी मार्ग, इलाहाबाद-211 001, उत्तर प्रदेश

महात्मा गांधी अन्तरराष्ट्रीय हिन्दी विश्वविद्यालय, वर्धा-442 001, महाराष्ट्र

36/ए, शेक्सपियर सरणी, रानी बिरला गर्ल्स कॉलेज के पास, कोलकाता-700 017, प. बंगाल

www.vaniprakashan.com
marketing@vaniprakashan.in
sales@vaniprakashan.in

Bhagwa Dhwaj
by Dr. Mayank Murari

ISBN : 978-93-5775-956-4
Religion/Culture/History

मूल्य : ₹ 325

आर. टेक ऑफ़सेट प्रिंटर्स, दिल्ली-110 032 में मुद्रित

वाणी प्रकाशन का लोगो मक़बूल फ़िदा हुसेन की कूची से

समर्पित

सुभाष चाचा और मुक्ता चाची को

मंगलम् भगवानविष्णुः, मंगलम् गरुड़ध्वजः।
मंगलम् पुण्डरीकाक्षः, मंगलाय तनो हरिः।

हे प्रभु!
हम सबका मंगल करें। भगवान गरुड़ द्वारा रक्षित एवं सेवित ध्वजा हमारा मंगल करे। हमारे ऊपर आने वाली विघ्न-बाधाएँ दूर करें। हमारे मन्दिर, मकान, महल, भवन, आवासीय परिसर से नकारात्मक ऊर्जा समाप्त करें, नष्ट करें। गरुड़ ध्वज हमारे लिए सुख-समृद्धि, शक्ति और दैवी कृपा सहित कल्याणकारी हो।

भूमिका

भारत में रंग ज़बान है। रंग सत्य है। जीवन में रंग का अर्थ ही उत्सव है। बेरंग जीवन की कल्पना भारतीय संस्कृति में नहीं है। संस्कृति का कोई भी अध्याय पलटकर देख लीजिए, वहाँ आसमान, नदी, लहलहाते खेत, गुलाब, केसर, सावनी बादल, लजाती दुल्हन, आम्रपात, नीममंजरी, साख, पुष्प की बारिश, सुबह की ओस, शाम की धुँधली रोशनी आदि के दर्शन होंगे। ये सब रंग ही हैं। इनकी रंगत के आधार पर ही इनका नामकरण हुआ है। इन रंगों के कारण ही ये एक साथ विशेषण और संज्ञा दोनों हो जाते हैं। रंग की एक समृद्ध भाषा है। इसका इतिहास है। कच्चा रंग, पक्का रंग, होली का रंग, वसन्त का रंग, सावन का रंग, पेड़ की हरीतिमा, हल्दी का रंग, मेहँदी का रंग। कितने रंग हैं जीवन में और जीवन के संग। रंग स्वाद है। रंग विश्वास है। विश्वास के रंग के साथ व्यक्ति और समाज की आस्था है। रंग उत्सव है, तो रंग पहचान है। जीवन नहीं होता है, तो उसका रंग श्वेत हो जाता है।

रंग से विमुखता अन्धकार है, निराशा है। जहाँ पराजय है, वहाँ रंग नहीं है। वहाँ उम्मीद की किरणें नहीं उगतीं। उम्मीद का अपना रंग होता है। उसकी पहचान होती है। रौशनी का सफ़ेद और पीला रंग किरणों का रंग है। वही पीलापन इस धरती के अंग-अंग में समाया है। लेकिन जब तुलसी और पीपल का बिरवा पौधा वृक्ष बनता है तो हरीतिमा का संचार पूरे वातावरण में हो जाता है। एक पौधा और बूढ़ा पेड़ का रंग अलग होता है। जीवन में मन के विभिन्न रंग हैं। ये रंग मनोदशा के अनुसार बदलते हैं। कोई प्यार का रंग है, तो कोई शान्ति का। कोई सृजन का रंग है तो कोई शौर्य एवं त्याग का। भारतीय जीवन में भगवा रंग को विशेष स्थान दिया गया है।

भगवा रंग त्याग, ज्ञान, पवित्रता और तेज़ का प्रतीक है। यज्ञ की ज्वाला से निकली अग्नि शिखाओं के लिए केसरिया रंग है। यही भगवा रंग कई बार देश की ख़ातिर केसरिया बाना में बदल जाता है। इसे ही वेदों में अरुण सन्तु केतवा: कहा गया है, जहाँ ध्वज का रंग हल्दी जैसे रंग का होता है। आदिकाल के सभी चक्रवर्ती राजाओं, सम्राटों, महाराजाओं, धर्मगुरुओं और सेनानायकों का ध्वज भगवा ही रहा था। राजा रघु हो या राम, अर्जुन हो या चन्द्रगुप्त या वर्तमान में महाराणा प्रताप, शिवाजी या गुरुगोविन्द सिंह। सभी ने इसी ध्वज के तले धर्म की रक्षा के लिए संघर्ष किया।

आश्रम-यज्ञशाला में जब देश एवं समाज निर्माण का कार्य किया जा रहा था, तब ऋषियों-तपस्वियों ने इसी भगवा ध्वज के तले देश के नौनिहालों को भारतवर्ष की विजयी गाथा सुनायीं। आज़ादी के संघर्ष के दौरान जब भारतीय क्रान्तिकारी देश से बाहर गये तो वहाँ फ्रांस, इटली की क्रान्ति गाथाएँ सुनीं। वहाँ भी ध्वज की परिकल्पना की गयी, तो भगवा को विशेष स्थान दिया गया। हमारा तिरंगा झण्डा भी उसी भगवा ध्वज का प्रतिनिधित्व करता है, जो हज़ारों वर्ष तक भारतीय जीवन के पराक्रम एवं पौरुष का साक्षी रहा है।

आज़ादी के बाद भारतवर्ष में तिरंगा झण्डा को वही सम्मान मिला, जो हज़ारों वर्ष से भगवा ध्वज को मिला था। भगवा ध्वज हमारे जीवन के साथ रचा-बसा था, इसी कारण हम उसे आज़ादी के बाद भी नहीं भूले। चाहे जो सामूहिक या पारिवारिक अनुष्ठान हो, कर्मकाण्ड का विधान हो, हम भगवा ध्वज और उसकी महिमा को सदैव स्मरण करते हैं। हरेक शुभ कर्म की शुरुआत करते हुए ध्वज को याद करते हैं और यह मन्त्र पढ़ते हैं-

मंगलम् भगवानविष्णु:, मंगलम् गरुड़ध्वज: ।
मंगलम् पुण्डरीकाक्ष:, मंगलाय तनो हरि: ।

चाहे गृह प्रवेश हो, पाणिग्रहण संस्कार या अन्य कोई हिन्दू रीति-रिवाज़, पूजा-पर्व, उत्सव हो घर के शिखर पर ध्वजा फहराई जाती है। भगवान विष्णु से प्रार्थना की जाती है कि प्रभु हम सबका मंगल करें। भगवान गरुड़ द्वारा रक्षित एवं सेवित ध्वजा हमारा मंगल करे।

हड़प्पा में एक मुहर पर पुरुष देवता को तीन मुखों के साथ चित्रित किया गया है। वह एक योगी की मुद्रा में नीचे सिंहासन पर बैठा है और उसके दोनों

ओर दो पशु दिखलाये गये हैं— दाहिनी ओर हाथी तथा बाघ है और बायीं ओर गैंडा और भैंसा। दो हिरण सिंहासन के नीचे खड़े हैं। मौर्य वंशी शासक अशोक महान के काल में देश के विभिन्न भागों में स्तम्भ एवं शिलालेखों के माध्यम से नागरिकों से संवाद कायम किया गया। इन स्तम्भों में चक्र और उसके इर्द-गिर्द सिंह, हाथी, हिरण, मोर एवं अन्य पशु-पक्षियों की आकृति मिलती है। और ठीक यही चिह्न आज़ाद भारत राष्ट्र का प्रतीक चिह्न बना।

ध्वज शब्द का प्रयोग भी किसी-न-किसी रूप में वेदों से प्राप्त मिलता है। 'ध्वज' शब्द के पर्यायवाची (शब्द) वेदों में शिखा, केतु आदि के रूप में प्रयुक्त हुए हैं। अथर्ववेद के काण्ड-11, सूक्त 10, मन्त्र 1 में केतु शब्द का प्रयोग 'ध्वज' के अर्थ में हुआ है। मन्त्र है :

ओ३म् उत्तिष्ठत संनह्यध्वमुदाराः केतुभिः सह।
सर्पा इतर जनाः रक्षांस्य मित्राननु धावत।।

अर्थ : (उदाराः) हे उदार पुरुषो! (उत्तिष्ठत) उठो और (केतुभिः सह) झण्डों के साथ (संनह्यध्वम्) कवचों को धारण करो, जो (सर्पाः) सर्पों के समान अर्थात हिंसक (इतरजनाः) दस्यु-चोर, लुटेरे आदि तथा (रक्षांसि) जो आचारहीन हैं, (अमित्रान्) उन शत्रुओं पर (धावत) धावा अर्थात् आक्रमण करो।

इससे अगले मन्त्र में (अरुणैः केतुभिः सह) तथा सातवें मन्त्र में भी (अरुणाः सन्तु केतवः) शब्दों का प्रयोग किया गया है। अर्थ है कि देवजनों के ध्वज अरुण वर्ण के हों। ऋग्वेद के छठे मण्डल के 49 वें सूक्त के दूसरे मन्त्र में भी 'केतुमरुषं यजध्यै' में अरुण वर्ण के ध्वज का यजन (पूजन) करने का विधान है। यजुर्वेद के 33वें मन्त्र में 'देवंवहन्तिकेतवः' में भी केतु (ध्वज) शब्द का प्रयोग किया गया।

भगवा ध्वज हिन्दू संस्कृति और धर्म का शाश्वत प्रतीक है। भगवा ध्वज का रंग केसरिया है। यह उगते हुए सूर्य का रंग है। इसका रंग अधर्म के अन्धकार को दूर करके धर्म का प्रकाश फैलाने का सन्देश देता है। भगवा ध्वज में दो त्रिभुज हैं, जो यज्ञ की ज्वालाओं के प्रतीक हैं। ऊपर वाला त्रिभुज नीचे वाले त्रिभुज से कुछ छोटा है। ये त्रिभुज संसार में विविधता, सहिष्णुता, भिन्नता, असमानता और सांमजस्य के प्रतीक हैं। ये हमें सिखाते हैं कि संसार

में शान्ति बनाये रखने के लिए एक-दूसरे के प्रति सामंजस्य, सहअस्तित्व, सहकार, सद्भाव और सहयोग भावना होना आवश्यक है।

रंगों का एक विज्ञान है, जिसे वैज्ञानिक आधार पर भी विश्लेषण किया जा सकता है। जब हम एक रंग देखते हैं, तो यह रेटिना पर एक छवि बनाता है जो विद्युत संकेतों में परिवर्तित हो जाता है जो मस्तिष्क को भेजा जाता है। आँख की ऑप्टिक तन्त्रिका इसे विजुअल कॉर्टेक्स और मस्तिष्क के अन्य क्षेत्रों से जोड़ती है। यही कारण है कि अलग-अलग रंग मस्तिष्क को अलग-अलग कम्पन भेजते हैं। लाल रंग का सम्बन्ध मूलाधार चक्र से होता है। उसी प्रकार केसर रंग का सम्बन्ध स्वाधिष्ठान चक्र से जोड़ा जाता है। लाल चक्र पहला चक्र है और मूलाधार या मूल चक्र है, जो जननांग से सम्बन्धित है। केसर चक्र को स्वाधिष्ठान या त्रिक चक्र भी कहा जाता है, जब किसी के स्वास्थ्य की बात आती है तो यह सबसे महत्त्वपूर्ण चक्र क्यों है। यह किसी के कोलन, ब्लैडर, किडनी, रिप्रोडक्टिव सिस्टम और यूरिनरी ब्लैडर से जुड़ा होता है। बौद्ध भी मानते हैं कि नारंगी आनन्द का रंग है क्योंकि यह लाल और पीले रंग का मिश्रण है। थकान की समस्या का सामना कर रहे लोगों को भगवान हनुमान पर ध्यान केन्द्रित करने के लिए कहा जाता है। अब, भगवान हनुमान का रंग लाल है, एक ऐसा रंग जो शक्ति और सहनशक्ति को दर्शाता है। जब कोई भगवान हनुमान पर ध्यान केन्द्रित करता है, तो वह अप्रत्यक्ष रूप से लाल रंग पर भी ध्यान केन्द्रित करता है, जिससे यह रंग कम्पन चिकित्सा बन जाती है।

भगवा ध्वज दीर्घकाल से हमारे इतिहास का मूक साक्षी रहा है। इसमें हमारे पूर्वजों, ऋषियों और माताओं के तप की कहानियाँ छिपी हुई हैं। यही हमारा सबसे बड़ा गुरु, मार्गदर्शक और प्रेरक है। राष्ट्रीय स्वयंसेवक संघ ने किसी व्यक्ति विशेष की जगह अपने परम पवित्र भगवा ध्वज को ही गुरु के रूप में स्वीकार और अंगीकार किया है। साल में एक बार सभी स्वयंसेवक अपने गुरु मतलब भगवा ध्वज के सामने ही अपनी गुरु दक्षिणा समर्पित करते हैं।

अनुक्रम

भारत का अन्तर्मन है भगवा

भारत की सनातन संस्कृति की पहचान पवित्र भगवा ध्वज है। धर्म ध्वजा का रंग केसरिया, भगवा या नारंगी रंग का होता है। इसमें ही संस्कृति की समग्रता, राष्ट्रीय एकता समाहित है। आदिकाल से भारतीय वैदिक संस्कृति (सनातन संस्कृति, हिन्दू संस्कृति, आर्य संस्कृति, भारतीय संस्कृति एक-दूसरे के पर्याय हैं) में समस्त मांगलिक कार्यों के प्रारम्भ करते समय उत्सवों में, पर्वों में, घरों-मन्दिरों-देवालयों-वृक्षों, रथों-वाहनों पर भगवा ध्वज या केसरिया पताकाएँ फहराई जाती रही हैं। भगवा ध्वज में तीन तत्त्व—ध्वजा, पताका (डोरी) और डंडा—इन्हें ईश्वरीय स्वरूप माना गया है। यह आधिभौतिक, आध्यात्मिक, आधिदैविक का प्रतीक हैं। भारतीय मान्यता है कि यह ध्वजा हमारे जीवन को परम पुरुषार्थ की ओर ले जाती है एवं सदैव रक्षा करती है।

भारत के पश्चिम में समुद्री तट पर जामनगर एवं ओखा (गुजरात) में स्थित श्रीद्वारिकाधीश मन्दिर, पूर्व में जगन्नाथजी मन्दिर (पुरी–ओडिशा), दक्षिण में रामेश्वरम् मन्दिर तथा उत्तर में बद्रीनाथ धाम पर फहराने वाला विशाल केसरिया ध्वज अहर्निश विश्व को यह सन्देश देता रहता है कि यह धर्म प्रधान देश है। धर्म की रक्षा के लिए यहाँ के लोग अपना जीवन सदैव अर्पित करने को उत्सुक रहते हैं। देश या बाहर से आने वाले सैलानी भारतभूमि पर इस भगवा ध्वजा को देखकर आश्वस्त हो जाते हैं कि यहाँ भारतीय या हिन्दू समाज रहता है। उन्हें यहाँ पर देश के गौरवशाली अतीत की झलक दिखलाई पड़ती है।

इसी तरह पुष्टिमार्गीय सम्प्रदाय की प्रधान पीठ श्रीनाथद्वारा में श्रीनाथजी मन्दिर के गर्भगृह के ऊपर गरुड़ स्तम्भ पर धर्म चिह्न के रूप में ध्वजा लहराती है।

श्री गिरिराज जी (जतीपुरा मथुरा) के ऊपर मन्दिर के शिखर पर भी ध्वजा फहराती रहती है।

ध्वजा भगवा या नारंगी रंग की ही क्यों होती है? भारत में वैदिक काल से आज तक यज्ञ एवं ध्वज का महत्त्व है। भारत, जिसे जम्बूद्वीप भी कहा जाता है, यज्ञपुरुष भगवान विष्णु का सदा यज्ञों द्वारा वन्दन किया जाता है। यज्ञ भगवान विष्णु का ही स्वरूप है, 'यज्ञैयज्ञमयोविष्णु'। यज्ञ की अग्निशिखाएँ उसी की आभानुसार भगवा रूप भगवा ध्वज बना। भगवा ध्वज त्याग, समर्पण, बलिदान, शक्ति और भक्ति का सन्देश देता है।

हिन्दू संस्कृति में सूर्य की उपासना प्रभातवेला में की जाती है। सूर्योदय के समय उपस्थित सूर्य की लालिमा भगवा ध्वज में समाहित है। उसकी सर्वमयी रश्मियाँ अन्धकार को नष्ट करती हुई जग में प्रकाश फैलाती हैं। अज्ञानता का, अविद्या का नाश करती हैं और प्रकृति में ऊर्जा का संचार करती हैं। प्रत्येक प्राणी अपने कार्य में जुट जाता है। बड़े-बड़े सन्त-महात्मा, ऋषि-मुनि, त्यागी-तपस्वी इससे ऊर्जा प्राप्त करते हैं। सैनिक लड़ाई के मैदान में जाते हैं तो केसरिया पगड़ी धारण करते हैं। केसरिया बाना उन्हें जोश और उत्सर्ग करने की प्रेरणा देता है, उनके रथों में, हाथों में भगवा पताकाएँ फहराती हैं।

भगवा रंग भारतीय संस्कृति का प्रतीक है। उसके बिना भारत की कल्पना भी नहीं की जा सकती है। वेद, उपनिषद, पुराण और स्मृति-श्रुति इसका यशोगान करते हैं। सन्तगण इसकी ओंकार, निराकार या साकार की तरह पूजा-अर्चना करते हैं। शायद यही कारण है देवस्थानों पर सिन्दूरी रंग का ही प्रयोग होता है। इसी आस्था से अनुप्राणित होकर हिन्दू नारियाँ सुहाग के प्रतीक के रूप में इसी रंग से माँग भरती हैं। साधुगण, वैरागी, त्यागी, तपस्वी भगवा वस्त्र धारण करते हैं।

सनातन धर्म में कोई भी शुभ कार्य करने से पूर्व मन्त्र पढ़ा जाता है—

मंगलम् भगवानविष्णुः, मंगलम् गरुड़ध्वजः।
मंगलम् पुण्डरीकाक्षः, मंगलाय तनो हरिः।

भगवान विष्णु से प्रार्थना की जाती है कि प्रभु हम सबका मंगल करें। भगवान गरुड़ द्वारा रक्षित एवं सेवित ध्वजा हमारा मंगल करे। विघ्न-बाधाएँ दूर करे।

मन्दिर, मकान, महल, भवन, आवासीय परिसर से नकारात्मक ऊर्जा समाप्त करे, नष्ट करे। शिखर पर फहराने से समस्त विघ्न-बाधाएँ, अनिष्टकारी शक्तियाँ, अलाय-बलाय व पाप नष्ट हो जाता है। गरुड़ ध्वजा हमारे लिए सुख-समृद्धि, शक्ति और दैवी कृपा सहित कल्याणकारी हो।

इसी प्रकार सूर्यवंशियों की परम्परा में सूर्य चिह्न अंकित भगवा ध्वजा फहराई जाती रही है। सूर्यवंशीय, सत्य, सहिष्णुता, सेवा, नैतिक मूल्यों की रक्षा, धर्मानुसार आचरण, वचन की दृढ़ता, वात्सल्य प्रेम करना जिनकी विशेषता है, ऐसी विजय ध्वजा भगवान श्रीराम के रथ में फहराती है। श्री हनुमानजी सदैव विजय ध्वज लेकर चलते थे। ध्वजा की रक्षा का दायित्व सम्हालते हुए अहर्निश धर्मध्वजा नील गगन में फहराते रहे हैं। हनुमान चालीसा से हमें नित्य स्मरण दिलाया जाता है "हाथ वज्र औ ध्वजा विराजे"। दुष्टों का संहार करने के लिए हनुमानजी के एक हाथ में वज्र और दूसरे हाथ में ध्वजा है। महाभारत के युद्ध में भगवान श्रीकृष्ण के रथ पर धर्मध्वजा फहरा रही है। उसकी रक्षा का दायित्व पवन पुत्र श्री हनुमानजी को सौंपा। श्री हनुमानजी ने वायु का ऐसा कवच बनाया कि उस भयंकर युद्ध में सबकी ध्वजाएं व रथ, हाथी-घोड़े सभी नष्ट हो गये किन्तु धर्मध्वजा को एक भी आयुध या प्रक्षेपास्त्र नष्ट नहीं कर सका, क्योंकि ध्वजाजी उनकी रक्षा कर रही थीं और वह ध्वजाजी की रक्षा कर रहे थे।

श्रीमद्‌भागवत में श्रीकृष्ण की लीलाओं में भगवा ध्वज के बारे में बहुत-सी बातें आती हैं। गोपियाँ भगवान के वियोग में वृन्दावन के वृक्षों और लताओं के बीच श्रीकृष्ण की खोज करने लगीं। उसी समय उन्होंने एक स्थान पर उस भगवान के चरण-चिह्न पाये, जो भक्त वत्सल हैं। इनमें ध्वजा, कमल, वज्र, अकुंश आदि के चिह्न स्पष्ट दीख रहे हैं। (अध्याय 30, श्लोक 25, दशम स्कन्ध, पृष्ठ 312)। प्रभु से वियोग या दुःख के समय ध्वजाजी के दर्शन और आश्रय से समस्त डर-भय दूर हो जाते हैं। चरण कमल की कृपा स्वरूप श्री ध्वजाजी अष्ट ऐश्वर्य प्राप्त कराने वाली हैं। कंस के आदेशानुसार अक्रूर जी श्रीकृष्ण को बुलाने के लिए मथुरा से गोकुल गये। गोकुल की ब्रज रज में अक्रूरजी ने भगवान श्रीकृष्ण के चरण चिह्न के दर्शन किये। रथ से कूदकर ब्रज

रज में लोटने लगे। दण्डवत प्रणाम करने लगे। भगवान के चरणों में ध्वजा, ब्रजकुंश और कमल के चिह्न थे। जब वे चलते थे उनसे चिह्नित होकर पृथ्वी शोभायमान हो जाती थी। (श्रीमद्भागवत, दशम स्कन्ध, 39वाँ अध्याय, 30 वाँ श्लोक)।

पुष्टिमार्ग सम्प्रदाय के वैष्णव जन महाप्रभु वल्लभाचार्य को पूर्ण पुरुषोत्तम का अवतार मानते हैं। उनके वाम चरण में चार चिह्न हैं। उसमें ध्वजाजी प्रथम चिह्न हैं। श्रीमद् वल्लभाचार्य जी के 'चरण-चिह्न' की भाव-भावना में यों कहा गया है :

कमल वज्र अठ गदा पताका तोरण अतिभावे।
सुखद वल्ली धनुष श्री वल्लभवो दक्षिण चरण चित्त लावे।।

वल्लभाचार्य जी की चरण रज कृपा स्पष्ट धर्मध्वजा अपने-अपने घर-मन्दिर वाहन पर अवश्य फहराना चाहिए। धर्मध्वजा परम पुरुषार्थ देने वाली है। हमारे हर संकट से रक्षा करती है। रसात्मक स्वरूपा नन्द प्रभु सम्बन्धी प्रेम भाव को हृदय में प्रकट करती है।

सम्पूर्ण भारत में जहाँ-जहाँ वैष्णव मन्दिर हैं, उनके शिखरों पर भगवा ध्वजा, केसरिया ध्वजा अहर्निश फहराती है। भगवान श्रीकृष्ण की चरणविन्द स्वरूप भगवा ध्वजा फहराना प्रभु की कृपा प्राप्त करने का सहज उपाय है। यहाँ पर यह भी उल्लेख करना आवश्यक है कि भारत के उत्तर में पड़ोसी नेपाल राष्ट्र में भी अहर्निश धर्मध्वजा फहराती है। इससे समाज में स्थायित्व, अपरिग्रह, सेवा, सहिष्णुता और रचनात्मक भाव का उदय होता है।

श्रीराम और श्रीकृष्ण के ज्ञान चातुर्य ने इस धर्मध्वजा सांस्कृतिक पताका को नील गगन तक फहराया। राजा दाहिर, पृथ्वीराज चौहान, सम्राट चन्द्रगुप्त मौर्य, सम्राट विक्रमादित्य, पुष्यमित्र, खारवेल, शालवाहन, राजेन्द्रचोल, हर्षवर्धन, बप्पा रावल ने इस रंग की शान और गरिमा बढ़ायी। महाराणा प्रताप, राजा सूरजमल जाट, शिवाजी, गुरुगोविन्द सिंह साहब व छत्रसाल ने अपने जीवन की आहुति हिन्दू महायज्ञ के लिए समर्पित की।

सन्त-महात्मा, आचार्यों ने इसकी रश्मियों से ज्ञान का भण्डार प्राप्त किया। भारतीय पुराण एवं परम्परा में कहा गया है कि भगवा रंग सम्पूर्ण समर्पण का

पर्याय है और इसकी संस्कृति का समग्र रूप है भारतवर्ष। भारतीय संस्कृति के रंग में रँगे बुद्ध, महावीर, नानक, कबीर, तुकाराम, दादू, जायसी, सूर, रहीम, रसखान, तुलसी, मीरा, रामकृष्ण परमहंस, स्वामी विवेकानन्द, स्वामी दयानन्द, स्वामी रामतीर्थ, महर्षि अरविन्द रामदास, जगद्गुरु शंकराचार्य, रामानुजाचार्य, माधवाचार्य, रामानन्दाचार्य, श्रीकृष्ण स्वामी, निम्बाकाचार्य, जगद्गुरु वल्लभाचार्य, चैतन्य महाप्रभु, मीराबाई आदि अनेकानेक सन्त आचार्यों में इस रंग के प्रति अलौकिक अनुराग था। इसमें सभी दैवी रंग झलकते हैं जिसमें कोई आसक्ति नहीं, कोई लगाव नहीं। भारत के कण-कण में, रग-रग में संजीवनी शक्ति बनकर प्रवाहित है केसरिया या भगवा रंग। इसीलिए भारत के तिरंगे में भी ऊपर का एक भाग केसरिया या भगवा रंग है।

राष्ट्रीय स्वयंसेवक संघ के संस्थापक परम पूज्य केशवराव बलिराम हेडगेवार ने भगवा ध्वज को ही अपना गुरु माना है, गुरु पद पर मान्यता दी है। उनका कहना था कि व्यक्ति में विकार, बुराई या दुर्गुण आ सकता है, व्यक्ति की मृत्यु हो सकती है। व्यक्ति सर्वसामान्य है या नहीं इस पर भी विवाद हो सकता है, किन्तु भगवा ध्वज में कोई विकार, बुराई या दुर्गुण नहीं है। इस प्रकार भारत के समस्त धर्म, पन्थ, सम्प्रदाय और भगवदीय विचार में परम पूज्य भगवा ध्वज सर्वसम्मति से भारतीय संस्कृति का प्रतीक है।

डॉ. केशवराव बलिराम हेडगेवार ने 1925 में राष्ट्रीय स्वयंसेवक संघ की स्थापना के समय भगवा ध्वज को गुरु के रूप में प्रतिष्ठित किया। विश्व का सबसे बड़ा स्वयंसेवी संगठन गुरु रूप में इसी भगवा ध्वज को नमन करता है। पर्वों, त्योहारों और संस्कारों की भारत भूमि पर गुरु का परम महत्त्व माना गया है। गुरु शिष्य की ऊर्जा को पहचानकर उसके सम्पूर्ण सामर्थ्य को विकसित करने में सहायक होता है। गुरु नश्वर सत्ता का नहीं, चैतन्य विचारों का प्रतिरूप होता है। आरएसएस के आरम्भ से ही भगवा ध्वज गुरु के रूप में प्रतिष्ठित है।

भारत भूमि के कण-कण में चैतन्य स्पन्दन विद्यमान है। पर्वों, त्योहारों और संस्कारों की जीवन्त परम्परा इसको प्राणवान बनाती है। तत्त्वदर्शी ऋषियों की इस जाग्रत धरा का ऐसा ही एक पावन पर्व है गुरु पूर्णिमा। हमारे यहाँ

'अखण्ड मण्डलाकारं व्याप्तं येन चराचरं...तस्मै श्री गुरुवे नमः' कहकर गुरु की अभ्यर्थना एक चिरन्तन सत्ता के रूप में की गयी है। भारत की सनातन संस्कृति में गुरु को परम भाव माना गया है जो कभी नष्ट नहीं हो सकता, इसीलिए गुरु को व्यक्ति नहीं अपितु विचार की संज्ञा दी गयी है। इसी दिव्यभाव ने हमारे राष्ट्र को जगद्गुरु की पदवी से विभूषित किया।

भगवा ध्वज

भगवा ध्वज हिन्दू संस्कृति और धर्म का शाश्वत प्रतीक है। यह हिन्दू धर्म के प्रत्येक आश्रम, मन्दिर पर फहराया जाता है। यही श्रीराम, श्रीकृष्ण और अर्जुन के रथों पर फहराया जाता था और छत्रपति शिवाजी सहित सभी मराठों की सेनाओं का भी यही ध्वज था। यह धर्म, समृद्धि, विकास, अस्मिता, ज्ञान और विशिष्टता का प्रतीक है। इन अनेक गुणों या वस्तुओं का सम्मिलित द्योतक है अपना यह भगवा ध्वज।

भगवा ध्वज का रंग केसरिया है। यह उगते हुए सूर्य का रंग है। इसका रंग अधर्म के अन्धकार को दूर करके धर्म का प्रकाश फैलाने का सन्देश देता है। यह हमें आलस्य और निद्रा को त्यागकर उठ खड़े होने और अपने कर्तव्य में लग जाने की भी प्रेरणा देता है। हमें यह भी सिखाता है कि जिस प्रकार सूर्य स्वयं दिनभर जलकर सबको प्रकाश देता है, इसी प्रकार हम भी नि:स्वार्थ भाव से सभी प्राणियों की नित्य और अखण्ड सेवा करें।

यह यज्ञ की ज्वाला का भी रंग है। यज्ञ सभी कर्मों में श्रेष्ठतम कर्म बताया गया है। यह आन्तरिक और बाह्य पवित्रता, त्याग, वीरता, बलिदान और समस्त मानवीय मूल्यों का प्रतीक है, जो कि हिन्दू धर्म के आधार हैं। यह केसरिया रंग हमें यह भी याद दिलाता है कि केसर की तरह ही हम इस संसार को महकायें।

भगवा ध्वज में दो त्रिभुज हैं, जो यज्ञ की ज्वाला का प्रतीक हैं। ऊपर का त्रिभुज नीचे के त्रिभुज से कुछ छोटा है। ये त्रिभुज संसार में विविधता, सहिष्णुता, भिन्नता, असमानता और सामंजस्य के प्रतीक हैं। ये बताते हैं कि संसार में शान्ति बनाये रखने के लिए एक-दूसरे के प्रति सामंजस्य,

सहअस्तित्व, सहकार, सद्भाव और सहयोग भावना होना आवश्यक है। यह ध्वज दीर्घकाल से हमारे इतिहास का मूक साक्षी रहा है। इसमें हमारे पूर्वजों, ऋषियों और माताओं के तप की कहानियाँ छिपी हुई हैं। यही हमारा सबसे बड़ा गुरु, मार्गदर्शक और प्रेरक है। राष्ट्रीय स्वयंसेवक संघ ने किसी व्यक्ति विशेष को अपना गुरु नहीं माना है, बल्कि अपने परम पवित्र भगवा ध्वज को ही गुरु के रूप में स्वीकार और अंगीकार किया है। साल में एक बार सभी स्वयंसेवक अपने गुरु ध्वजा के सामने ही अपनी गुरु दक्षिणा समर्पित करते हैं। मौलिक भगवा ध्वज में कुछ भी लिखा नहीं जाता। लेकिन मन्दिरों पर लगायी जाने वाली ध्वजाओं में ओ३म् आदि लिखा जा सकता है। इसी प्रकार संगठन या व्यक्ति विशेष के ध्वज में अन्य चिह्न हो सकते हैं। जैसे अर्जुन के ध्वज में हनुमान का चिह्न था। लेकिन किसी भी स्थिति में ध्वजा का रंग भगवा ही होना चाहिए।

सनातन धर्म में केसरिया रंगों के वस्त्र हर वो साधु-महात्मा धारण करते हैं जो इस संसार के मोहमाया को तज चुके होते हैं और सिर्फ़ भगवान की खोज में निकल पड़ते हैं। कहा जाता है कि भगवा रंगों के वस्त्र पहनने से मनुष्य के अन्दर के अशुद्धता और गन्दगी दूर हो जाती है। बुरी आत्माएँ नज़दीक नहीं आतीं। साथ ही, भगवा रंग को संयम और आत्म-नियन्त्रण का प्रतीक भी माना जाता है।

कहा जाता है कि पुराने जमाने में साधु-सन्त जब मोक्ष प्राप्ति के लिए निकला करते थे तब अपने साथ अग्नि भी रखते थे। यह अग्नि उनकी पवित्रता की प्रतीक थी। पर हर समय अग्नि रखना कठिन था। इसलिए इसकी जगह भगवा रंग के ध्वज को साधु-सन्त लेकर चलने लगे। फिर धीरे-धीरे साधु-सन्त केसरिया या कहें भगवा रंग के वस्त्र भी पहनने लगे। इस तरह अब भगवा रंग हिन्दुत्व को दर्शाता है।

हिन्दू धर्म ही नहीं बल्कि बौद्ध और सिख धर्म में भी केसरिया रंग को बहुत महत्त्व दिया गया है। बौद्ध धर्म में ख़ुद भगवान बुद्ध को अधिकतर केसरी रंग के वस्त्र पहने दिखाया जाता है। सिख धर्म में भी पवित्र निशान 'निशानसाहिब' को केसरी रंग में लपेटा जाता है। सिखों के दसवें और अन्तिम गुरु गोविन्द सिंह द्वारा बनाये गये पंज प्यारे भी केसरी रंग के वस्त्र में ही रहते थे।

भगवा ध्वज प्राचीन भारत, सनातन हिन्दू संस्कृति एवं धर्म का प्रतीक है। यह हिन्दू धर्म के प्रत्येक पवित्र स्थान मन्दिर, मठ, आश्रम पर फहराया जाता है। यह हिन्दुओं के महान प्रतीकों में से प्रमुख है। इसका रंग भगवा केसरिया होता है। यह त्याग, बलिदान, ज्ञान, शुद्धता एवं सेवा का प्रतीक है। यह हिन्दुस्तानी संस्कृति का शास्वत सर्वमान्य प्रतीक है। हज़ारों-हज़ारों सालों से भारत के शूरवीरों ने इसी भगवा ध्वज की छाया में लड़कर देश की रक्षा के लिए प्राण न्यौछावर किये।

ध्वज का भगवा रंग उगते सूर्य का रंग है। आग का रंग है। उगते सूर्य का रंग ज्ञान, वीरता का प्रतीक माना गया और इसीलिए हमारे पूर्वजों ने इसे प्रेरणास्वरूप माना। यह धर्म, समृद्धि, विकास, अस्मिता, ज्ञान और विशिष्टता का प्रतीक है। इन अनेक गुणों या वस्तुओं का सम्मिलित द्योतक है अपना यह भगवा ध्वज।

भगवा ध्वज हमें यह भी सिखाता है कि जिस प्रकार सूर्य स्वयं दिनभर जल कर सबको प्रकाश देता है, इसी प्रकार हम भी नि:स्वार्थ भाव से सभी प्राणियों की नित्य और अखण्ड सेवा करें।

भारत में ध्वज की परम्परा

ध्वज का रंग और उसके पीछे छिपे भाव की एक लम्बी परम्परा रही है। ध्वज के साथ उसका रंग एक आकर्षण का प्रमुख हिस्सा है। चूँकि रंग दूर से ही हमको आकर्षित करता है। भारतीय जीवन में सभी रंगों से विशेष लगाव होता है। यहाँ कोई भी रंग को छोड़ नहीं गया है। काला रंग अगर दुख का प्रतीक है तो सफ़ेद रंग उस दुख में शामिल होने और अपनी भावना एवं करुणा को प्रकट करने का माध्यम है। भारतीय ध्वज में भी रंग का विशेष महत्त्व रहा हैं। यहाँ लाल, सफ़ेद, पीला, नीला, कर्पूर आदि रंगों का झण्डा रहता है।

रंगों में गेरुआ और भगवा को एक ही रंग माना जाता है जो केसरिया रंग से थोड़ा भिन्न होता है। केसरिया को अंग्रेज़ी में सैफर्न, भगवा को ओचर कहा जाता है। केसरिया में थोड़ा लालपन ज़्यादा होता है, जबकि भगवा में पीलापन। हिन्दू धर्म में प्रत्येक रंग का अपना अलग महत्त्व है। हिन्दू ध्वज भगवा और केसरिया दोनों ही रंगों का होता है। नारंगी रंग भी इसी तरह का होता है। रंगों से जुड़े मनोविज्ञान और उसके मानव जीवन पर पड़ने वाले प्रभाव को जानकर ही हिन्दू धर्म में कुछ विशेष रंगों को विशेष कार्यों में शामिल किया गया है। भगवा रंग का महत्त्व जानने के पहले यह जानना ज़रूरी है कि सृष्टि में मूलतः रंग कितने हैं और उनका महत्त्व क्या है?

यह माना जाता है कि कुछ पशु या पक्षियों को सफ़ेद और काले रंग के अलावा अन्य कोई दूसरा रंग नज़र नहीं आता। अर्थात उनकी ज़िन्दगी ब्लैक एंड व्हाइट है। हम इन्सान ख़ुशनसीब हैं कि हमें सभी रंग नज़र आते हैं। वैज्ञानिकों की खोज के अनुसार रंग तो मूलतः पाँच ही होते हैं—काला, सफ़ेद, लाल, नीला और पीला। काले और सफ़ेद को रंग मानना हमारी मजबूरी है।

यह कोई रंग नहीं है। इस तरह तीन ही प्रमुख रंग बच जाते हैं—लाल, पीला और नीला। जब कोई रंग बहुत कमज़ोर हो जाता है तो वह सफ़ेद हो जाता है और जब कोई रंग बहुत गहरा हो जाता है तो वह काला पड़ जाता है। लाल रंग में अगर पीला मिला दिया जाये, तो वह केसरिया रंग बनता है। नीले में पीला मिल जाये, तब हरा रंग बन जाता है। इसी तरह से नीला और लाल मिलकर जामुनी बन जाते हैं। आगे चलकर इन्हीं प्रमुख रंगों से हज़ारों रंगों की उत्पत्ति हुई।

अग्नि प्रज्ज्वलन के समय भी तीन ही रंग दिखाई देते हैं। ये तीनों रंग भी जन्म, जीवन और मृत्यु जैसे ही हैं, जैसा कि हम ब्रह्मा, विष्णु और महेश के बारे में कहते हैं। शास्त्र के अनुसार, हमारे शरीर में सात प्रकार के चक्र स्थित हैं। ये सातों चक्र हमारे तीन प्रकार के शरीर से जुड़े हुए हैं। सात शरीर में से प्रमुख हैं तीन शरीर—भौतिक, सूक्ष्म और कारण। भौतिक शरीर लाल रक्त से सना है जिसमें लाल रंग की अधिकता है। सूक्ष्म शरीर सूर्य के पीले प्रकाश की तरह है और कारण शरीर नीला रंग लिए हुए है। रंगों को लेकर भी भारतीय जीवन में कई मान्यताएँ और परम्पराएँ चली आ रही हैं।

हिन्दू धर्म में विवाहित महिला लाल रंग की साड़ी और हरी चूड़ियाँ पहनती है। लाल रंग उत्साह, उमंग और नवजीवन का प्रतीक है। प्रकृति में लाल रंग या उसके ही रंग समूह के फूल अधिक पाये जाते हैं। इसके अलावा विवाह के समय दूल्हा भी लाल या केसरी रंग की पगड़ी ही धारण करता है, जो उसके आनेवाले जीवन की ख़ुशहाली से जुड़ी है। दरअसल, लाल रंग हमें आगे बढ़ने की प्रेरणा देता है। लाल रंग का उचित इस्तेमाल किया जाये तो यह आपका भाग्य बदल सकता है। ग़लत रीति से अधिकता में इस्तेमाल किया जाये तो यह आपको दुस्साहस और क्रोध की अग्नि में धकेल भी सकता है। माँ लक्ष्मी को लाल रंग प्रिय है। माँ लक्ष्मी लाल वस्त्र पहनती हैं और लाल रंग के कमल पर शोभायमान हैं। रामभक्त हनुमान को भी लाल व सिन्दूरी रंग प्रिय है इसलिए भक्तगण उन्हें सिन्दूर अर्पित करते हैं। लाल रंग सौभाग्य का प्रतीक भी है। लाल रंग शारीरिक संचलन का रंग है इसलिए यह हमारी शारीरिक जीवन शक्ति को जगाता है। प्रेम-प्यार के प्रतीक इस रंग को कामुकता का रंग भी कहते हैं। जीवन तो उत्साह से ही चलता है।

इसी प्रकार किसी भी प्रकार के मांगलिक कार्य में पीले रंग का इस्तेमाल किया जाता है। पूजा-पाठ में पीला रंग शुभ माना जाता है। केसरिया या पीला रंग सूर्यदेव, मंगल और बृहस्पति जैसे ग्रहों का भी प्रतिनिधित्व करता है। भगवान विष्णु के अवतार श्रीकृष्ण को पीताम्बर भी कहा जाता है। पीला रंग वैराग्य का भी प्रतीक है। जब पतझड़ आता है तो पत्ते पीले पड़ जाते हैं। इस तरह पीला रंग बहुत कुछ कहता है। वैज्ञानिकों के अनुसार पीला रंग रक्त संचार बढ़ाता है। थकान दूर करता है। पीले रंग के सम्पर्क में रहने से रक्त कणों के निर्माण की प्रक्रिया बढ़ती है। इस ब्रह्माण्ड में सबसे अधिक नीला और काला रंग मौजूद है। निश्चित ही नीले रंग की उपस्थिति हरी-भरी प्रकृति में कम है लेकिन आकाश और समुद्र का रंग नीला होने का कारण है, उनकी गहराई। आत्मा का रंग भी नीला माना जाता है। कुछ ज्ञानी जन मानते हैं कि नीला रंग आज्ञा चक्र एवं आत्मा का रंग है। नीले रंग के प्रकाश के रूप में आत्मा ही दिखाई पड़ती है और पीले रंग का प्रकाश आत्मा की उपस्थिति को सूचित करता है।

सम्पूर्ण जगत में नीले रंग की अधिकता है। धरती पर 75 प्रतिशत फैले जल के कारण नीले रंग का प्रकाश ही फैला हुआ है, तभी तो हमें आसमान नीला दिखाई देता है। चक्रों के नाम मूलाधार, स्वाधिष्ठान, मणिपुर, अनाहत, विशुद्धि, आज्ञा और सहस्रार हैं। मूलाधार चक्र हमारे भौतिक शरीर के गुप्तांग, स्वाधिष्ठान चक्र उससे कुछ ऊपर, मणिपुर चक्र नाभिस्थान में, अनाहत हृदय में, विशुद्धि चक्रकण्ठ में, आज्ञाचक्र दोनों भौंहों के बीच जिसे भृकुटी कहा जाता है और सहस्रार चक्र हमारे सिर के चोटी वाले स्थान पर स्थित होता है। प्रत्येक चक्र का अपना रंग है।

भारतीय संस्कृति में केसरिया रंग को त्याग, बलिदान, ज्ञान, शुद्धता एवं सेवा का प्रतीक माना गया है। शिवाजी की सेना का ध्वज, राम, कृष्ण और अर्जुन के रथों के ध्वज का रंग केसरिया ही था। चित्त क्षोभ और रात्रि अन्धता में इस रंग का प्रयोग करना चाहिए। केसरिया या भगवा रंग शौर्य, बलिदान और वीरता का प्रतीक भी है। भगवा या केसरिया सूर्योदय और सूर्यास्त का रंग भी है, मतलब हिन्दू की चिरन्तन, सनातनी, पुनर्जन्म की धारणाओं को बतानेवाला रंग है यह।

अग्नि में आपको लाल, पीला और केसरिया रंग ही अधिक दिखाई देगा। हिन्दूधर्म में अग्नि का बहुत महत्त्व है। यज्ञ, दीपक और दाह-संस्कार अग्नि के ही कार्य हैं। अग्नि का सम्बन्ध पवित्र यज्ञों से भी है इसलिए केसरिया, पीला या नारंगी रंग भी हिन्दू परम्परा में बेहद शुभ माना गया है। अग्नि सम्पूर्ण संसार में हवा की तरह व्याप्त है लेकिन वह तभी दिखाई देती है जब कि उसे किसी को जलाना, भस्म करना या ज़िन्दा बनाये रखना होता है। संन्यासी का स्वभाव भी अग्नि की तरह होता है, लेकिन वह किसी को जलाने के लिए नहीं बल्कि ठण्ड जैसी हालात में ऊर्जा देने के लिए सूर्य की तरह होता है। संन्यासी का पथ भी अग्निपथ ही होता है। ऐसा कहा जाता है कि अग्नि बुराई का विनाश करती है और अज्ञानता की बेड़ियों से भी व्यक्ति को मुक्त करवाती है। सनातन धर्म में केसरिया रंग उन साधु-संन्यासियों द्वारा धारण किया जाता है, जो मुमुक्षु होकर मोक्ष के मार्ग पर चलने के लिए कृतसंकल्प होते हैं। ऐसे संन्यासी ख़ुद और अपने परिवारों के सदस्यों का पिण्डदान करके सभी तरह की मोह-माया त्याग कर आश्रम में रहते हैं। भगवा वस्त्र को संयम, संकल्प और आत्मनियन्त्रण का भी प्रतीक माना गया है।

भारतीय ध्वज का स्तम्भ किस वृक्ष का रहना चाहिए यह विचार हमारी परम्परा में किया गया है। प्रसिद्ध किताब 'युक्तिकल्पतरु' में बाँस, बकुल, शाल, नीम, चम्पक, कदम्ब, टेसू और ताल, इन वृक्षों के स्तम्भ हों, ऐसा बतलाया है।

घर पर ध्वज

भारत की सनातन संस्कृति की धरोहर का सांस्कृतिक दूत है परम पवित्र भगवा ध्वज! धर्म ध्वजा केसरिया, भगवा या नारंगी रंग की होती है। संस्कृति की समग्रता, राष्ट्रीय एकता जिसमें समाहित है। आदिकाल से वैदिक, सनातन, हिन्दू, आर्य, भारतीय संस्कृति एक-दूसरे के पर्याय हैं। जिसमें समस्त मांगलिक कार्यों के प्रारम्भ करते समय उत्सवों में, पर्वों में, घरों-मन्दिरों-देवालयों-वृक्षों, रथों-वाहनों पर भगवा ध्वज या केसरिया पताकाएँ फहराई जाती रही हैं। भगवा ध्वज में तीन तत्त्व—ध्वजा, पताका (डोरी) और डंडा—जिन्हें ईश्वरीय स्वरूप माना गया है जो आधिभौतिक, आध्यात्मिक, आधिदैविक हैं। यह ध्वजा परम पुरुषार्थ को प्राप्त कराती है एवं सभी प्रकार से रक्षा करती है।

हिन्दू संस्कृति में सूर्य की उपासना प्रभात वेला में की जाती है। सूर्योदय के समय उपस्थित सूर्य की लालिमा भगवा ध्वज में समाहित है। उसकी सर्वमयी रश्मियाँ अन्धकार को नष्ट करती हुई जग में प्रकाश फैलाती हैं। अज्ञानता का, अविद्या का नाश करती हैं और प्रकृति में ऊर्जा का संचार करती हैं। प्रत्येक प्राणी अपने कार्य में जुट जाता है। बड़े-बड़े सन्त-महात्मा, ऋषि-मुनि, त्यागी-तपस्वी इससे ऊर्जा प्राप्त करते हैं। सैनिक लड़ाई के मैदान में जाते हैं तो केसरिया पगड़ी धारण करते हैं। केसरिया बाना उन्हें जोश और उत्सर्ग करने की प्रेरणा देता है, उनके रथों में, हाथों में भगवा पताकाएँ फहराती हैं।

भगवा ध्वज में सूर्य का तेज समाया हुआ है। यह भगवा रंग त्याग, शौर्य, आध्यात्मिकता का प्रतीक है। भगवान श्रीकृष्ण के द्वारा सारथ्य किये गये अर्जुन के रथ पर भगवा ध्वज ही विराजमान था। भगवा रंग भारतीय संस्कृति का प्रतीक है। उसके बिना भारत की कल्पना भी नहीं की जा सकती है।

वेद, उपनिषद, पुराण, श्रुति इसका यशोगान करते हैं। सन्तगण इसकी ओंकार, निराकार या साकार की तरह पूजा-अर्चना करते हैं। शायद यही कारण है देवस्थानों पर सिन्दूरी रंग का ही प्रयोग होता है। इसी आस्था से अनुप्राणित होकर हिन्दू नारियाँ सुहाग के प्रतीक के रूप में इसी रंग से माँग भरती हैं। साधुगण, वैरागी, त्यागी, तपस्वी भगवा वस्त्र धारण करते हैं। देश के मठ-मन्दिरों ने ही प्राचीन काल से हमारे धर्म, हमारी अस्मिता सँभालकर रखी है। इसीलिए यह ध्वज संघ के लिए उचित होगा, ऐसा उनका मानना था। शिवाजी महाराज के स्वराज्य में लहराया जानेवाला 'जरीपटका' (जिसके क़िनारे पर ज़र है, ऐसा भगवा ध्वज) था।

वास्तु पुरुष सिद्धान्त के अनुसार घर की छत जातक की कुण्डली का बारहवाँ भाव कहलाती है। इस भाव से व्यक्ति का आर्थिक नुक़सान, धनहानि और शैया सुख देखा जाता है। काल पुरुष सिद्धान्त के अनुसार कुण्डली के बारहवें भाव में बुद्ध और राहु अत्यधिक बुरा प्रभाव देते हैं। दूसरी ओर केतु और शुक्र बारहवें भाव में सर्वश्रेष्ठ प्रभाव देते हैं।

कभी-कभी व्यक्ति के जीवन में ऐसी स्थिती आ जाती है जिससे आर्थिक समस्याओं और दुर्भाग्य से दो-चार होना पड़ता है। व्यक्ति कंगाली की हद तक आ जाता है। यह स्थिति कुण्डली में राहु, केतु शनि और मंगल के कारण आती है।

1. ध्वजा को विजय और सकारात्मक ऊर्जा का प्रतीक माना जाता है। इसीलिए पहले के ज़माने में जब युद्ध में या किसी अन्य कार्य में विजय प्राप्त होती थी तो ध्वजा फहराई जाती थी।
2. वास्तु के अनुसार भी ध्वजा को शुभता का प्रतीक माना गया है। माना जाता है कि घर पर ध्वजा लगाने से नकारात्मक ऊर्जा का नाश तो होता ही है साथ ही घर को बुरी नज़र भी नहीं लगती है।
3. घर के उत्तर-पश्चिम कोने में यदि ध्वजा लगायी जाती है तो उसे वास्तु के दृष्टिकोण से बहुत अधिक शुभ माना जाता है।
4. वायव्य कोण यानी उत्तर-पश्चिम में ध्वजा वास्तु के अनुसार, ज़रूर लगाना चाहिए, क्योंकि ऐसा माना जाता है कि इस कोण यानी वायव्य

कोण में राहु का निवास है। ज्योतिष के अनुसार राहु को रोग, शोक व दोष का कारक माना जाता है। ऐसी मान्यता है कि यदि घर के इस कोने में किसी भी तरह का वास्तुदोष हो या ना भी हो तब भी ध्वजा लगाने से घर में रहने वाले सदस्यों के रोग, शोक व दोष का नाश होता है और सुख व समृद्धि बढ़ती है।

वेद मन्त्र में ध्वजा, शिखा व माला

दुनिया के प्रथम ग्रन्थ वेद में आज तक कोई परिवर्तन नहीं हुआ। इसका कारण है अद्‌भुत शैली और वेदपाठ करने की ख़ास विधि। यही वजह है कि उनमें किसी प्रकार का जोड़-घटाव नहीं किया जा सकता। शोधकर्ता मानते हैं कि वेदों के मूल दर्शन और ज्ञान को सुरक्षित रखने की ऋषि-मुनियों ने एक तकनीक खोजी थी, जिसके बल पर ही यह सम्भव हो पाया और आज तक वेद अपरिवर्तनशील बने रहे। वेदमन्त्र की सनातनता से जुड़ा है ध्वजा, शिखा और माला का सम्बन्ध।

प्रारम्भिक वैदिक काल में काग़ज़ तो होते नहीं थे। तब लोग ताड़पत्रों पर या फिर शिलाखण्डों पर लिखते थे। लेकिन जब हज़ारों लोगों को सिखाने की बात आयी तो ऋषि-मुनियों ने एक तकनीक विकसित की, जिसके कारण मन्त्रों को श्रुति परम्परा में हज़ारों साल तक जीवित रखा जा सका। ऋषि-मुनियों ने ज्ञान को संरक्षित करने के लिए मनुष्य के चित्त को ही काग़ज़ बना दिया गया। सभी वेदमन्त्रों की सँभाल बिना किसी काग़ज़-स्याही के ही की गयी है। अर्थात प्राचीनकाल के लोगों ने वेदों को कण्ठस्थ करने की एक परम्परा शुरू की। यहाँ यह बताना ज़रूरी है कि किसी भी किताब को सिर्फ़ रटने से वह कण्ठस्थ नहीं होती। वह लम्बे समय तक याद रहे इसके लिए एक ख़ास छन्द और व्याकरणबद्ध विधि की खोज की गयी। इसी विधि को भी वैदिक ऋषियों ने कई प्रकारों में बाँटा है।

मूल ग्रन्थ संरक्षण की इतनी सुरक्षित पद्धति अपने आप में अद्‌भुत है। हिन्दुओं के पूर्वजों ने विभिन्न प्रकार से वेद मन्त्रों को स्मरण करने की विधियों का आविष्कार किया था, जिसके चलते इसकी स्वर संगत और उच्चारण का रक्षण कभी नहीं हुआ।

वैदिक ऋषियों ने व्याकरण के नियमों के आधार पर यह सुनिश्चित किया कि वेद मन्त्र का गान करते हुए एक भी अक्षर मात्रा या स्वर में किसी भी प्रकार का फेरबदल न हो सके और वेदपाठी उसे सरलता से कण्ठस्थ कर लें। इसमें फेरबदल इसलिए नहीं हो सकता क्योंकि यदि कोई ऐसा करता है तो छन्दों का पहले से अन्तिम क्रम पूरी तरह गड़बड़ा जाता। लेकिन जिन छन्दों को कण्ठस्थ कर लिया है उसे पहला सूत्र याद आने के साथ ही छन्द के आगे के सूत्र स्वत: ही उच्चारित होने लगते हैं।

दरअसल, ऋषियों ने शब्द के प्रत्येक अक्षर को उच्चारित करने में लगने वाले समय को निर्धारित किया और वक़्त की इस इकाई या समय के अन्तराल को 'मन्त्र' नाम दिया। वेद मन्त्रों को शुद्ध स्वरूप में उच्चारित करने के लिए साँस के आरोह-अवरोह का ध्यान रखा गया। शरीर के एक ख़ास हिस्से में वांछित स्पन्दन निर्माण करने की प्रक्रिया के विज्ञान को जिस वेदांग में बताया गया है, उसे शिक्षा कहते हैं। यदि आप वैदिक मन्त्र को संहिता में देखें तो आपको अक्षरों के पीछे कुछ चिह्न मिलेंगे। यह चिह्न स्वर चिह्न कहलाते हैं, जो मन्त्रों की उच्चारण पद्धति को दर्शाते हैं। इन चिह्नों से यह पक्का हो जाता है कि वेद मन्त्रों में अक्षर, मात्रा, बिन्दु, विसर्ग का भी बदलाव नहीं हो सकता है।

परम्परागत गुरुकुलों में विद्यार्थी वेदमन्त्रों के पठन में इन स्वरों के नियत स्थान को हाथ व सिर की विशिष्ट गतिविधि द्वारा स्मरण रखते हैं। अत: उन्हें वेदमन्त्रों के पठन में हाथ व सिर की विशिष्ट गतिविधियाँ करते हुए देख सकते हैं और यदि मन्त्रपाठ में थोड़ी-सी भी त्रुटि पायी गयी तो वे आसानी से ठीक कर लेते हैं। इसके अलावा अलग-अलग गुरुकुल पठन की विभिन्न प्रणालियों में अपनी विशेषता रखते हुए भी स्वरों की एक समान पद्धति को निर्धारित करते हैं। जिससे प्रत्येक वैदिक मन्त्र की शुद्धता का पता उसके अन्तिम अक्षर तक लगाया जा सके।

वेदमन्त्रों या छन्दों के शब्दों को साथ में विविध प्रकारों में बाँधा गया है जैसे—वाक्य, पद, क्रम, जटा, माला, शिखा, रेखा, ध्वज, दंड, रथ और घन। ये सभी एक वैदिक मन्त्र के शब्दों को विविध क्रम संचयों में पढ़ने की विधि को प्रस्तुत करते हैं।

जिन्होंने मन्त्रगान की उच्च श्रेणी घन का अभ्यास किया है, उन्हें घनपठिन् कहते हैं। इसी तरह जटापाठी, मालापाठी, शिखापाठी आदि होते हैं। 'पठिन' का अर्थ है जिसने पाठ सीखा हो। जब हम किसी घनपठिन् से घनपाठ का गान सुनते हैं तो हम देख सकते हैं कि ये मन्त्र के कुछ शब्दों को अलग-अलग तरीकों से लयबद्ध, आगे-पीछे गा रहे हैं। यह अत्यन्त कर्णप्रिय होता है। सभी तरह के पाठ को सुनने की अद्‌भुत और अलग अनुभूति होती है। मात्र सुनने से ही लगता है कि मानो कानों में अमृतरस घुल गया हो।

ऊपर जो पाठ के प्रकार बताये गये हैं, उन सभी के गान की विधि अलग-अलग होती है। वेदमन्त्र के शब्दों को साथ-साथ इस तरह गूँथा गया है, जिससे उनका प्रयोग बोलने में और आगे-पीछे सस्वर पठन में हो सके। पठनविधि के किसी विशेष प्रकार को अपनाये बिना 'वाक्य पाठ' और 'संहिता पाठ' में मन्त्रों का गान उनके मूल क्रम में ही किया जाता है।

'वाक्य पाठ' में मन्त्रों के कुछ शब्दों को एक साथ मिलाकर संयुक्त किया जाता है, जिसे 'सन्धि' कहते हैं। संहिता पाठ के बाद आता है पदपाठ। पदपाठ में शब्दों को सन्धि विच्छेद करके लगातार पढ़ते हैं। इसके पश्चात क्रमपाठ है। क्रमपाठ में मन्त्र के शब्दों को पहला-दूसरा, दूसरा-तीसरा, तीसरा-चौथा और इसी तरह अन्तिम शब्द तक जोड़े बनाकर (1-2, 2-3, 3-4) याद किया जाता है।

जटापाठ में पहले शब्द को दूसरे के साथ, दूसरे को तीसरे के साथ और इसी क्रम में आगे-पीछे जाते हुए (1-2, 2-3, 3-4) सम्पूर्ण मन्त्र को गाया जाता है। शिखापाठ में जटा की अपेक्षा, दो के स्थान पर तीन शब्द सम्मिलित होते हैं और क्रमानुसार (1-2-3, 2-3-4...) आगे-पीछे जाते हुए, सम्पूर्ण मन्त्रगान होता है। इन पठन विधियों की अपेक्षा घनपाठ अधिक कठिन है। घनपाठ में चार भेद होते हैं। इसमें मन्त्र के शब्दों के मूल क्रम में विशिष्ट प्रकार के फेरबदल से विविध क्रमसंचयों में संयोजित करके आगे-पीछे गाया जाता है। इन सबको विस्तारपूर्वक अंकगणित की सहायता से समझा जा सकता है। संहिता और पद पाठ प्रकृति पाठ कहलाते हैं। क्योंकि इसमें शब्दों का पठन एक बार ही उनके प्राकृतिक क्रम अर्थात मूल स्वरूप में किया जाता है। अन्य विधियों का समावेश 'विकृति पाठ' (गान की कृत्रिम विधि) के वर्ग में

होता है। क्रमपाठ में शब्दों को उनके नियमित प्राकृतिक क्रम (एक-दो-तीन) में ही प्रस्तुत किया जाता है। उसमें शब्दों के क्रम को उलटा करके नहीं पढ़ा जाता, जैसे—पहला शब्द-दूसरे के बाद और दूसरा-तीसरे के बाद (2-1, 3-2) इत्यादि। अतः उसका समावेश पूर्णतया विकृति पाठ में नहीं होता है। क्रमपाठ को छोड़कर, विकृति पाठ के आठ प्रकार हैं, जो सहजता से याद रखने के लिए, इस छन्द में कह गये हैं—

जटा, माला, शिखा, रेखा, ध्वज, दण्डो, रथो, घन:

इत्यस्तौ- विक्र्तय: प्रोक्त: क्रमपूर्व महर्षिभि:

इन सभी गान विधियों का अभिप्राय वेदों की स्वर-शैली और उच्चारण की शुद्धता को सदा के लिए सुरक्षित करना है। पदपाठ में शब्द मूल क्रम में, क्रमपाठ में दो शब्द एक साथ और जटापाठ में शब्द आगे-पीछे जाते हुए भी संख्या में अनुरूप होते हैं। सभी पाठ विधियों में शब्दों की संख्या को गिनकर आपस में मिलान किया जा सकता है।

ग़ौरतलब है कि इतिहास के लम्बे संकटमय काल के दौरान उत्तर भारत पश्चिम एशिया के क्रूर आक्रान्ताओं और उनके वंशजों के बर्बर आक्रमणों से अपने अस्तित्व की रक्षा के लिए संघर्षरत था। आक्रान्ताओं ने यहाँ के धर्म और धर्मग्रन्थों को मिटाने के भरपूर प्रयास किये ताकि इतिहस से इस धर्म और संस्कृति का नामोनिशान मिट जाये और नया धर्म स्थापित हो, लेकिन जब पता चला कि लाखों की संख्या में ब्राह्मणों ने अपने चित्त या मन में वेदों को कण्ठस्थ कर रखा है तो उन्होंने संस्कृत पाठशालाओं और गुरुकुलों को नष्ट करना शुरू किया। ब्राह्मणों को धर्मान्तरित किया। ऐसे समय में उत्तर भारत के जंगलों में बचे हुए ब्राह्मण और दक्षिण भारत के वेदपाठियों ने वेदमन्त्रों की रक्षा की।

रामायण-महाभारत काल में ध्वज

वाल्मीकि रामायण में भी शहर, शिविर, रथयात्रा और रण-क्षेत्र में झण्डे का उल्लेख मिलता है। निषादराज गुह की नौकाओं पर स्वस्तिक ध्वज लहराता था। महाराज जनक को सीरध्वज और इनके भाई को कुशध्वज कहा जाता था। कोविदार झण्डे कौशल साम्राज्य का था।

अर्जुन की ध्वजा पर हनुमान का चित्र अंकित था। कृपाचार्य की ध्वजा पर साँड, मद्रराज की ध्वजा पर हल, अंगराज वृषसेन की ध्वजा पर मोर और सिन्धुराज जयद्रथ के झण्डे पर वराह की छवि अंकित थी। गुरु द्रोणाचार्य के ध्वज पर सौवर्ण वेदी का चित्र था, तो घटोत्कच के ध्वज पर गिद्ध विराजमान था। दुर्योधन के झण्डे पर रत्नों से बना हाथी था जिसमें अनेक घण्टियाँ लगी हुई थीं। इस तरह के झण्डे को जयन्ती ध्वज कहा जाता था। श्रीकृष्ण के झण्डे पर गरुड़ अंकित था। बलराम के झण्डे पर ताल वृक्ष की छवि अंकित होने से तालध्वज कहलाता था।

इसके अलावा महाभारत में शाल्व के शासक अष्टमंगला ध्वज रखते थे। झण्डे पर हाथी की आकृति थी और स्वर्ण मयूरों से शोभित थी। महीपति की ध्वजाओं पर स्वर्ण, रजत एवं ताम्र धातुओं से बने कलश आदि चित्रित रहते थे। इनकी एक ध्वजा सर्वसिद्धिदा कहलाती थी। इस ध्वजा पर रत्नजड़ित घड़ियाल के 4 जबड़े अंकित होते थे। एक अन्य प्राचीन ग्रन्थ में लिखा है कि झण्डे के ऊपर बाज, वज्र, मृग, छाग, प्रासाद, कलश, कूर्म, नीलोत्पल, शंख, सर्प और सिंह की छवियाँ अंकित होनी चाहिए।

रणभूमि में अवसर के अनुकूल आठ प्रकार के झण्डों का प्रयोग होता था। ये झण्डे थे—जय, विजय, भीम, चपल, वैजयन्तिक, दीर्घ, विशाल और लोल।

ये सभी झण्डे संकेत के सहारे सूचना देने वाले होते थे। विशाल झण्डा क्रान्तिकारी युद्ध का तथा लाल झण्डा भयंकर मार-काट का सूचक था।

भगवद्गीता के प्रथम अध्याय में संजय की दृष्टि अर्जुन के रथ पर पड़ती है और उन्हें सर्वप्रथम सफ़ेद घोड़ों से जुता हुए रथ दिखाई पड़ता है। रथ में घोड़ों की लगाम पकड़े हुए सारथी के रूप में श्रीकृष्ण तथा महारथी के रूप में अर्जुन बैठे हुए हैं। अर्जुन के रथ की अलौकिकता को संकेत में प्रकट करते हुए संजय कहते हैं— श्वेतैर्हयैर्युक्ते महति स्यन्दने। अर्थात् श्वेत (सफ़ेद) घोड़ों से युक्त महान रथ। महायुद्ध में भाग लेने वाले धृतराष्ट्र एवं पाण्डु—दोनों पक्ष के रथी एवं महारथी तो घोड़ों से जुते हुए रथ में ही आसीन थे, पर "अर्जुन के सफ़ेद घोड़ों से जुते हुए महान रथ" के माध्यम से संजय क्या कहना चाहते हैं? संजय को अर्जुन की एक विशेष घटना का स्मरण हो उठता है। अग्निदेव खाण्डव-वन को जलाना चाहते थे, लेकिन खाण्डव-वन की रक्षा अन्य देवगण करते थे। जब भी अग्निदेव खाण्डव-वन को जलाने जाते, तभी इन्द्रदेव वृष्टि कर अग्नि को बुझा डालते थे। अत: अग्नि देव अपने कार्य में सफल नहीं हो पा रहे थे। ब्रह्मा जी के कहने पर अग्निदेव श्रीकृष्ण और अर्जुन के पास गये और उनका सहयोग माँगा। तब अर्जुन ने कहा कि मेरे पास मेरे बाहुबल के अनुरूप धनुष नहीं है, जो समर भूमि में युद्ध के लिए मेरा वेग सह सके। इसके सिवा शीघ्रतापूर्वक बाण चलाते रहने के लिए मुझे इतने बाणों की आवश्यकता होगी, जो कभी समाप्त न हों और मेरी इच्छा के अनुरूप बाणों को ढोने के लिए शक्तिशाली रथ भी नहीं है। तब अग्निदेव के कहने पर वरुणदेव ने दिव्य धनुष और अक्षय तरकश प्रदान किये।

महाभारत में रथ का वर्णन इस प्रकार किया गया है—

रथं च दिव्याश्वयुजं कपिप्रवरकेतनम्।
उपेतं राजतैरश्वैर्गन्धर्वैर्हेममालिभि:।।

दिव्य घोड़ों से जुता हुआ एक रथ, जिसकी ध्वजा पर श्रेष्ठ कपि विराजमान थे। उसमें जुते हुए अश्वों का रंग चाँदी के समान सफ़ेद था। वे सभी घोड़े गन्धर्व देश में उत्पन्न और सोने की मालाओं से विभूषित थे। वह रथ असाधारण था। घोड़े गन्धर्व चित्ररथ द्वारा दिये गये थे। इनकी गति धरती, आकाश और स्वर्ग

आदि किसी भी स्थान में नहीं रुकती थी। रथ में चार घोड़े थे। उन चार घोड़ों में से यदि कोई घोड़ा मर जाता, तो वर के प्रभाव से उसका स्थान नया घोड़ा अपने आप ले लेता था। इस प्रकार के कुल घोड़ों की संख्या एक सौ थी।

महाभारतकालीन ध्वज

- **युधिष्ठिर :** नक्षत्रयुक्त चन्द्र वाला स्वर्ण ध्वज।
- **अर्जुन :** अर्जुन की ध्वजा पर हनुमान का चित्र अंकित था। इसे 'वानर ध्वज' कहा जाता था।
- **भीष्म :** भीष्म के पास ताड़ और 5 तारों के चिह्न से युक्त विशाल ध्वजा-पताका थी।
- **नकुल :** स्वर्ण पीठ लिए लाल हिरण का चित्र अंकित था।
- **सहदेव :** सहदेव के रथ पर लहराने वाले ध्वज पर चाँदीजड़ित हंस का चिह्न बना हुआ था।
- **अभिमन्यु :** अभिमन्यु के ध्वज पर पीले पत्तों वाला पेड़ अंकित था।
- **कृपाचार्य :** कृपाचार्य की ध्वजा पर साँड बना था।
- **मद्रराज :** मद्रराज की ध्वजा पर हल।
- **वृषसेन :** अंगराज वृषसेन की ध्वजा पर मोर।
- **जयद्रथ :** सिन्धुराज जयद्रथ के झण्डे पर वराह की छवि अंकित थी। जयद्रथ के रथ पर चांदी का शूकर-ध्वज फहरा रहा था।
- **भूरिश्रवा :** भूरिश्रवा के रथ में यूप का चिह्न बना था। वह ध्वज सूर्य के समान प्रकाशित होता था और उसमें चन्द्रमा का चिह्न भी दृष्टिगोचर होता था।
- **गुरु द्रोणाचार्य :** गुरु द्रोणाचार्य के ध्वज पर सौवर्ण वेदी का चित्र था। इसके अलावा तपस्वी का कटोरा और धनुष अंकित था।
- **घटोत्कच :** घटोत्कच के ध्वज पर गिद्ध विराजमान था।
- **दुर्योधन :** दुर्योधन के ध्वज पर कोबरा बना हुआ था। इसे सर्पकेतु भी कहते थे।
- **श्रीकृष्ण :** भगवान श्रीकृष्ण के झण्डे पर गरुड़ अंकित होने से उसे गरुड़ ध्वज कहा जाता है।

- **बलराम :** बलरामजी ने हालाँकि युद्ध में भाग नहीं लिया था लेकिन उनके झण्डे पर ताल वृक्ष की छवि अंकित होने से उसे 'ताल ध्वज' कहते थे।
- **कर्ण :** कर्ण का हस्तिकाश्यामाहार-केतु नामक ध्वज था।
- **अश्वत्थामा :** अश्वत्थामा की ध्वजा पताका में सिंह की पूँछ का चिह्न बना हुआ था।

ध्वज के आकार-प्रकार

प्राचीन भारत की सांग्रामिकता ग्रन्थ में पं. रामदीन पाण्डे ने प्राचीन ग्रन्थों के आधार पर एक ऐसी पद्धति दी है जो पढ़ने योग्य है। उसमें आठ प्रकार के झण्डे थे , सबकी ऊँचाई और रंग अलग-अलग थे। उनमें सबसे छोटा झण्डा जय पाँच हाथ लम्बाई का था। उसके बाद विजय, भीम, चपल, वैजयन्तिक, दीर्घ, विशाल और लोल, ये चढ़ती श्रेणी के झण्डे तथा ऊँचाई में क्रमशः एक-एक हाथ बढ़ते गये। इन झण्डों का रंग क्रमशः लाल, सफ़ेद, अरुण, पीला, विविध, नीला, धारीदार और काला था। इन झण्डों में लाल रंग का जय ध्वज सब में हलका तथा विजय चिह्न के रूप में फहराया जाता था। पूर्ण विजय की घोषणा करने के लिए सफ़ेद रंग का विजयध्वज लहराया जाता था। घनघोर युद्ध का संकेत देने के लिए भगवे अरुण रंग का ध्वज ऊँचा किया जाता था। जब दिखता था कि युद्ध को निर्णायक स्वरूप नहीं मिल रहा है तब पीला चपल ध्वज खड़ा कर ज़्यादा तीव्र आक्रमण और अधिक भयानक मारकाट कराने का आदेश देने के लिए खड़ा किया जाता था।

- **जय :** जय झण्डा सबसे हल्का तथा रक्त वर्ण का होता था। यह विजय का सूचक माना जाता था। इसका दण्ड 5 हाथ लम्बा होता था।
- **विजय :** विजय की लम्बाई 6 हाथ थी। श्वेत वर्ण का यह ध्वज पूर्ण विजय के अवसर पर फहराया जाता था।
- **भीम :** भीम ध्वज 7 हाथ लम्बा होता था और लोमहर्षक युद्ध के अवसर पर इसे फहराया जाता था यह अरुण वर्ण का होता था।

- **चपल :** चपल ध्वज पीत वर्ण और 8 हाथ लम्बा होता था। विजय और हार के बीच जब द्वन्द्व चलता था, उस समय इसी चपल ध्वज के माध्यम से सेनापति को युद्ध-गति की सूचना दी जाती थी।
- **वैजयन्तिक :** वैजयन्तिक ध्वज 9 हाथ लम्बा तथा विविध रंगों का होता था।
- **दीर्घ :** दीर्घ ध्वज की लम्बाई 10 हाथ होती थी। यह नीले रंग का होता था। युद्ध का परिणाम जब शीघ्र ज्ञात नहीं हो सकता था तो उस समय यही झण्डा प्रयुक्त होता था।
- **विशाल :** विशाल ध्वज 11 हाथ लम्बा और धारीवाला।
- **लोल :** लोल झण्डा 12 हाथ लम्बा और कृष्ण वर्ण का होता था।
- **अर्ध चन्द्र :** भारत में जगन्नाथ मन्दिर के ध्वज सहित शिव और दुर्गा के कई मन्दिरों पर अर्ध चन्द्र अंकित ध्वज फहराया जाता है। यह अर्ध चन्द्र शाक्त, शैव और चन्द्रवंशियों के पन्थ का प्रतीक चिह्न है। मध्य एशिया में यह मध्य एशियाई जाति के लोगों के ध्वज पर बना होता था। चंगेज़ खान के झण्डे पर अर्द्धचन्द्र होता था। इस्लाम का प्रतीक चिह्न है अर्द्धचन्द्र। अर्धचन्द्र अंकित ध्वज पर होने का अपना ही एक अलग इतिहास है।
- **नाग ध्वज :** बहुत से शैव और नाग मन्दिरों पर नाग ध्वज होता है। जिस पर नाग का चिह्न अंकित रहता है।
- **सूर्य :** भगवान सूर्य (विवास्वान) वंशज को सूर्यवंशी कहा गया है। सूर्यवंशियों के ध्वज पर सूर्य का चिह्न अंकित होता है।
- **ओम और स्वस्तिक :** केसरिया रंग के हिन्दू ध्वज पर ओम और स्वस्तिक का चिह्न होता है।

सिन्धु-सरस्वती कालीन संस्कृति

पाँच हज़ार साल पुरानी वैदिक सिन्धु-सरस्वती कालीन संस्कृति की अमिट छाप भारतीय जीवन पर निरन्तर रही है। तमाम विघ्न-बाधाओं के बाद भी यह हमारी जीवन शैली में शामिल है। हड़प्पा कालीन नगरीय स्वरूप और भवन निर्माण योजना आश्चर्यजनक रूप से उसी मौलिकता के साथ आगे बढ़ी। भवन निर्माण के तहत प्रत्येक घर में एक आँगन होता था, जिनके चारों ओर कमरे बनाये जाते थे। मकान में रसोईघर, शौचालय एवं स्नानघर का प्रबन्ध होता था। कमरे में ऊँचाई पर झरोखे बनाये जाते थे। भवन निर्माण की यह व्यवस्था पाँच हज़ार सालों के बाद बदस्तूर है। सत्ता के विकेन्द्रीकरण की व्यवस्था भारतीय इतिहास की एक केन्द्रीय विशेषता रही है, जो सभी राजवंश और राजाओं के शासन का अंग रहा। और यही गणतन्त्र भारत में भी जारी रहा। जब हड़प्पा सभ्यता का प्रशासनिक स्वरूप सत्ता के विकेन्द्रीकरण पर आधारित था तब मिस्र में सत्ता वहाँ के राजा (फराओ) के हाथों में केन्द्रित थी। व्यापार की सुविधा के लिए माप-तौल की प्रणाली में पूरे हड़प्पा सभ्यता में एकरूपता देखने को मिलती है। तौलने की इकाई के रूप में 16 या उसके गुणक अंक का व्यवहार किया जाता था।

सामाजिक जीवन की निरन्तरता का प्रभाव निरन्तर रहा। भारतीयों के खान-पान, रहन-सहन, वस्त्र आभूषण की परम्परा परिवर्तित एवं कुछेक संशोधन के साथ लगातार चलती आ रही है। हड़प्पा के नोशारो में कुछ स्थान पर मिट्टी की ऐसी मूर्तियाँ पायी गयी हैं, जिनमें स्त्रियों की माँग में अब भी सिन्दूर भरा हुआ है। माँग में सिन्दूर भरना विवाहित हिन्दू स्त्रियों के लिए सुहाग

का प्रतीक है। हड़प्पा से प्राप्त एक मिट्टी की पट्टी पर एक महिष यज्ञ का दृश्य चित्रित है। जो हमें महिषासुरमर्दिनी की याद दिलाता है।

चालाक लोमड़ी और प्यासे कौए की कहानियाँ हड़प्पा काल में चित्रित पायी गयी हैं। हिन्दुओं का पवित्र चिह्न स्वास्तिक मुद्राओं और चित्रकारियों में पाया गया है। हवन कुण्डों के रूप में काम में ली जाने वाली अग्नि वेदिकाएँ भी हड़प्पा की सभ्यता का अभिन्न अंग है।

हड़प्पा में मिट्टी से बनी नारी मूरतें बड़ी संख्या में मिली हैं। इनके विषय में यह मत स्वीकार किया गया है कि ये महामातृ देवी की मूरतें हैं। हड़प्पा में एक मूर्ति में स्त्री के गर्भ से निकलता हुआ एक पौधा दिखाया गया है। यह सम्भवत: पृथ्वी माता की प्रतिमा है। एक मुहर पर एक पुरुष देवता को तीन मुखों के साथ चित्रित किया गया है। वह एक योगी की मुद्रा में नीचे सिंहासन पर बैठा है और उसके दोनों ओर पशु दिखलाए गये हैं—दाहिनी ओर हाथी तथा बाघ है। बायीं ओर गैंडा और भैंसा। दो हिरन सिंहासन के नीचे खड़े हैं। मौर्य वंशीय शासक अशोक महान के काल में देश के विभिन्न भागों में स्तम्भ एवं शिलालेखों के माध्यम से नागरिकों से संवाद कायम किया गया। इन स्तम्भों में चक्र और उसके इर्द-गिर्द सिंह, हाथी, हिरण, मोर एवं अन्य पशु-पक्षियों की आकृति मिलती है। और ठीक यही चिह्न आज़ाद भारत राष्ट्र का प्रतीक चिह्न बना।

हड़प्पा सभ्यता के पशु-जानवरों को अशोक ने अपने शिलालेख एवं स्तम्भों में स्थान देकर अपने विचारों एवं आदर्शों को दुनिया के समक्ष रखा, जो परवर्ती काल में शासक के लिए उदाहरण बना। सातवाहन, चालुक्य, कुषाण आदि राजवंश ने शिलालेख एवं स्तम्भों को अपने विचारों के प्रकटीकरण का माध्यम बनाया। जहाँ चन्द्रगुप्त और अशोक ने अपने नागरिकों एवं प्रजा के साथ पिता एवं पुत्र का सम्बन्ध रखा। धर्मविजय के माध्यम से देश का विकास

और विस्तार किया तथा राष्ट्र को सशक्त बनाया। वहीं गुप्त काल में चन्द्रगुप्त और समुद्रगुप्त ने दिग्विजय के माध्यम से देश का विस्तार और विकास किया। इनके भी सिक्के और स्तम्भ में बाघ, गरुड़, सिंह और घोड़ा के चिह्न मिले हैं। अशोक और समुद्रगुप्त प्राचीन कालीन भारत के शासकों में प्रेरणा एवं आदर्श के प्रतीक रहे। जहाँ पहले ने धर्मविजय की नीति अपनायी, वहीं दूसरे ने दिग्विजय की। दोनों ने पराक्रम पर बल दिया, प्रजा की भलाई का ध्यान रखा, पराजितों के साथ सहानुभूतिपूर्ण व्यवहार किया। धर्म पर बल दिया।

समुद्रगुप्त ने अपने दिग्विजय अभियान के दौरान विजित प्रदेश को अपने राज्य में नहीं मिलाया, विजित प्रदेश के राजा पूर्ववत शासन करते रहे। उनकी नीति में ग्रहण, मोक्ष और अनुग्रह की नीति शामिल थी। यह नीति हज़ारों साल से भारतीय राजाओं की युद्ध नीति रही थी। हड़प्पा संस्कृति में वृक्ष को दो रूपों में पूजे जाने का साक्ष्य भी मिलता है। एक रूप में वृक्ष को उसके अपने प्राकृतिक रूप में पूजा जाता था और दूसरे रूप में

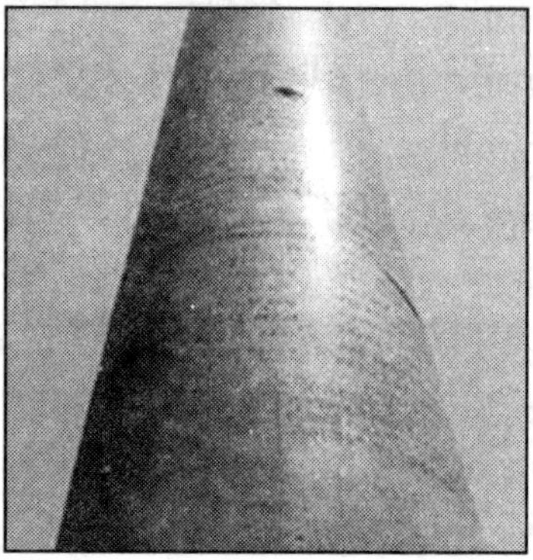

वृक्ष की नहीं, बल्कि वृक्ष में निवास करनेवाली आत्मा की पूजा की जाती थी। मोहनजोदड़ो में पायी गयी एक विशिष्ट मुहर में एक देवता को पीपल के वृक्ष की दो शाखाओं के बीच में खड़ा हुआ दिखाया गया है। सात मानव आकृतियाँ एक पंक्ति में खड़े होकर उसकी पूजा कर रही हैं और एक लम्बे बालों वाली आकृति भक्ति भाव से आधे घुटने टेककर नतमस्तक है। उसके पीछे एक बकरा / बकरी है। जिसका मुँह आदमी जैसा है। इस धार्मिक परम्परा का सातत्य भरहुत सांधी की प्रतिमाओं में पाया जाता है, जिनमें यक्षियों को वनदेवी के रूप में दिखाया गया है। हड़प्पा काल के पाये जाने वाले जानवर भैंसा, साँड़, गैंडा, कूबड़वाला बैल, बाघ और हाथी आदि परवर्ती काल में भिन्न-भिन्न देवताओं के वाहन बने। मसलन शिव का वाहन नन्दी यानी बैल, यम का वाहन भैंसा, दुर्गा का वाहन शेर, इन्द्र का वाहन हाथी।

प्राकृतिक शक्तियों की आराधना भारतीयों के धार्मिक जीवन की मुख्य बात रही है। इसकी प्रधानता हड़प्पा काल में भी देखने को मिलती है और आधुनिक युग में भी पशु-पक्षी के पूजने की प्रथा, शक्ति के विविध रूपों की पूजा। इसमें शिव की आराधना और शक्ति की योनि के रूप में पूजा तब से बिना किसी व्यवधान के जारी है। आज भी वही शक्ति की योनि पूजा कुलदेवी, ग्राम देवी, शक्ति की सातों बहनों, शीतला माता को रूप में घर-घर, गाँव-गाँव व्याप्त है। शिव के विविध रूपों—नारी रूप, नागधारी रूप, धनुर्धर रूप और नर्तक रूप तब भी स्वीकार्य था, आज भी है। पीपल के प्रति भक्तिभाव, साँड़, नाग की पूजा, अग्नि पूजा की निरन्तरता हमारे जीवन में स्पष्ट है। सूर्य और स्वस्तिक के प्रति श्रद्धा और यज्ञ प्रधान जीवन की विशेषता आज भी भारतीय जीवन का विशिष्ट अंग है। दाह कर्म की व्यवस्था के अनुसार उस समय शव को अग्नि के सुपुर्द कर दिया जाता था। भग्नावशेषों को मिट्टी के पात्रों में रखकर दफ़नाया जाता था। शव को चिता पर रखने की दिशा भी निश्चित थी। सिर उत्तर और पैर दक्षिण की ओर रखा जाता था। अन्त्येष्टि कर्म का वह विधान आज भी ज्यों-का-त्यों जारी है।

मौर्यकालीन भारत

सम्राट अशोक के बहुत से शिलालेखों पर प्राय: एक चक्र (पहिया) बना हुआ है। इसे अशोक चक्र कहते हैं। यह चक्र 'धर्मचक्र' का प्रतीक है। अशोक स्तम्भ पर अशोक चक्र विद्यमान है। भारत के राष्ट्रीय ध्वज पर अशोक चक्र को स्थान दिया गया है।

अशोक चक्र को कर्तव्य का पहिया भी कहा जाता है। ये 24 तीलियाँ मनुष्य के 24 गुणों को दर्शाती हैं। दूसरे शब्दों में, इन्हें मनुष्य के लिए बनाया गया 24 धर्म मार्ग भी कहा जा सकता है। अशोक चक्र में बताये गये सभी धर्म मार्ग किसी भी देश को उन्नति के पथ पर पहुँचा देंगे। शायद यही कारण है कि हमारे राष्ट्र ध्वज के निर्माताओं ने जब इसका अन्तिम रूप से निर्णय लिया तो उन्होंने झण्डे के बीच में चरखे को हटाकर इस अशोक चक्र को रखा था।

अशोक चक्र में दी गयी सभी तीलियों का मतलब (चक्र के क्रमानुसार)

1. पहली तीली : संयम (संयमित जीवन जीने की प्रेरणा देती है)
2. दूसरी तीली : आरोग्य (निरोगी जीवन जीने के लिए प्रेरित करती है)
3. तीसरी तीली : शान्ति (देश में शान्ति व्यवस्था कायम रखने की सलाह)
4. चौथी तीली : त्याग (देश एवं समाज के लिए त्याग की भावना का विकास)
5. पाँचवीं तीली : शील (व्यक्तिगत स्वभाव में शीलता की शिक्षा)

6. छठी तीली : सेवा (देश एवं समाज की सेवा की शिक्षा)
7. सातवीं तीली : क्षमा (मनुष्य एवं प्राणियों के प्रति क्षमा की भावना)
8. आठवीं तीली : प्रेम (देश एवं समाज के प्रति प्रेम की भावना)
9. नौवीं तीली : मैत्री (समाज में मैत्री की भावना)
10. दसवीं तीली : बन्धुत्व (देशप्रेम एवं बन्धुत्व को बढ़ावा देना)
11. ग्यारहवीं तीली : संगठन (राष्ट्र की एकता और अखण्डता को मज़बूत रखना)
12. बारहवीं तीली : कल्याण (देश व समाज के लिए कल्याणकारी कार्यों में भाग लेना)
13. तेरहवीं तीली : समृद्धि (देश एवं समाज की समृद्धि में योगदान देना)
14. चौदहवीं तीली : उद्योग (देश की औद्योगिक प्रगति में सहायता करना)
15. पन्द्रहवीं तीली : सुरक्षा (देश की सुरक्षा के लिए सदैव तैयार रहना)
16. सोलहवीं तीली : नियम (निजी ज़िन्दगी में नियम संयम से बर्ताव करना)
17. सत्रहवीं तीली : समता (समतामूलक समाज की स्थापना करना)
18. अठारहवीं तीली : अर्थ (धन का सदुपयोग करना)
19. उन्नीसवीं तीली : नीति (देश की नीति के प्रति निष्ठा रखना)
20. बीसवीं तीली : न्याय (सभी के लिए न्याय की बात करना)
21. इक्कीसवीं तीली : सहकार्य (आपस में मिलजुल कार्य करना)
22. बाईसवीं तीली : कर्तव्य (अपने कर्तव्यों का ईमानदारी से पालन करना)
23. तेईसवीं तीली : अधिकार (अधिकारों का दुरुपयोग न करना)
24. चौबीसवीं तीली : बुद्धिमत्ता (देश की समृद्धि के लिए स्वयं का बौद्धिक विकास करना)

अशोक चक्र में दी गयी हर एक तीली का अपना मतलब है। सभी तीलियाँ सम्मिलित रूप से देश और समाज के चहुँमुखी विकास की बात करती हैं। ये तीलियाँ सभी देशवासियों को उनके अधिकारों और कर्तव्यों के बारे में स्पष्ट सन्देश देने के साथ-साथ यह भी बताती हैं कि हमें अपने रंग, रूप, जाति और धर्म के अन्तरों को भुलाकर, एकता के धागे में पिरोकर देश को समृद्धि के शिखर तक ले जाने के लिए सतत प्रयास करते रहना चाहिए।

सम्राट अशोक के स्तम्भ में चार शेर हमारी शक्ति, साहस, गर्व और आत्मविश्वास के प्रतीक हैं। चतुर्दिक मुख किये शेर सभी दिशाओं में सतर्कता और एकता का संकेत देते हैं। स्तम्भ के पश्चिम दिशा में स्थित बैल राष्ट्र की ताक़त को दर्शाता है। यह कड़ी मेहनत और दृढ़ता का प्रतिनिधित्व करता है। यह स्तम्भ में दायीं ओर दिखायी देता है। पूर्वी दिशा में स्थित हाथी शक्ति, दृढ़ता और परिश्रम को दिखाता है। यह पीछे की ओर होने के कारण राष्ट्रीय प्रतीक में दिखायी नहीं देता है। चक्र में घोड़ा दक्षिण दिशा में है। चौकड़ी भरता यह घोड़ा संघर्ष के बीच हमारी रफ़्तार को बयाँ करता है। ये वफ़ादारी, गति और ऊर्जा का प्रतीक भी माना जाता है। स्तम्भ में धर्मचक्र चारों दिशाओं में बने हैं। ये न्याय, सम्मान और अधिकारों का प्रतीक है। इसकी 24 तीलियाँ दिन के 24 घण्टों का भी प्रतिनिधित्व करती हैं।

चोल

(तमिल)

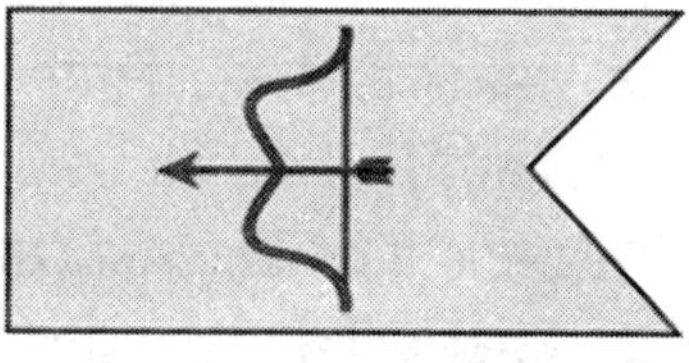

चोल शासन के काल का ध्वज

चोल शासन प्राचीन भारत का एक राजवंश था। दक्षिण भारत में और पास के अन्य देशों में तमिल चोल शासकों ने 9 वीं शताब्दी से 13 वीं शताब्दी के बीच एक अत्यन्त शक्तिशाली हिन्दू साम्राज्य का निर्माण किया। 'चोल' शब्द की व्युत्पत्ति विभिन्न प्रकार से की जाती रही है। कर्नल जेरिनो ने चोल शब्द को संस्कृत 'काल' एवं 'कोल' से सम्बद्ध करते हुए इसे दक्षिण भारत के कृष्णवर्ण आर्य समुदाय का सूचक माना है। चोल शब्द को संस्कृत 'चोर' तथा तमिल 'चोलम्' से भी सम्बद्ध किया गया है, किन्तु इनमें से कोई मत ठीक नहीं है। आरम्भिक काल से ही चोल शब्द का प्रयोग इसी नाम के राजवंश द्वारा शासित प्रजा और भू-भाग के लिए व्यवहृत होता रहा है। संगमयुगीन मणिमेखलै में चोलों को सूर्यवंशी कहा है। चोलों के अनेक प्रचलित नामों में शेंबियन भी है। शेंबियन के आधार पर उन्हें शिवि से उद्भूत सिद्ध करते हैं। 12वीं सदी के अनेक स्थानीय राजवंश अपने को करिकाल

से उद्भूत कश्यप गोत्रीय बताते हैं। चोल वंश द्वारा चोल या बाघ के झण्डे का इस्तेमाल किया गया था। टाइगर या जंपिंग टाइगर चोलों का शाही प्रतीक था और सिक्कों, मुहरों और बैनरों पर चित्रित किया गया था। उत्तम चोल के सिक्कों पर, चोल बाघ को पांड्या की जुड़वाँ मछलियों और चेर के धनुष के बीच बैठा दिखाया गया था।

हेलिओडोरस स्तम्भ में गरुड़ ध्वज

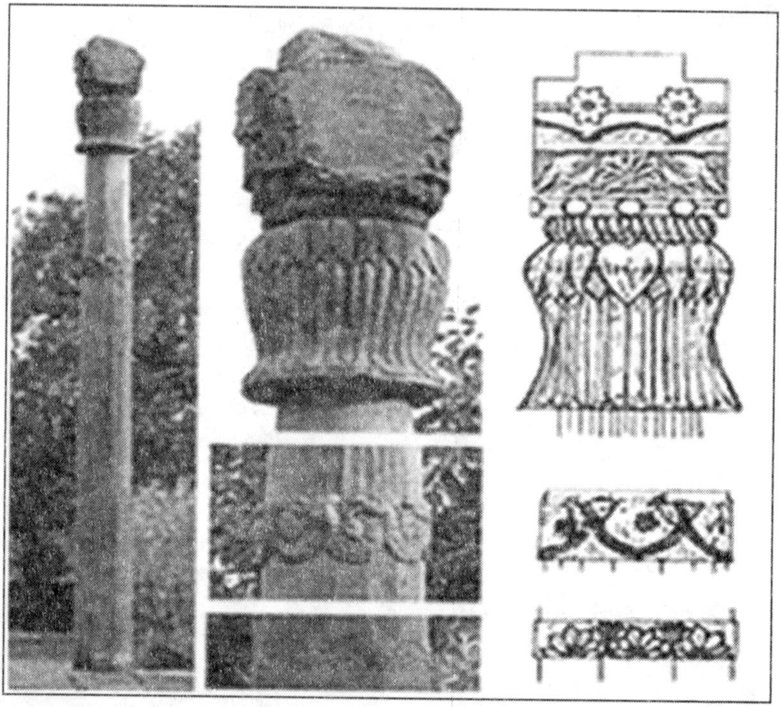

हेलिओडोरस स्तम्भ भारत के मध्य प्रदेश के विदिशा ज़िले में आधुनिक सलगर के पास स्थित पत्थर से निर्मित प्राचीन स्तम्भ है। इसका निर्माण 110 ईसा पूर्व हेलिओडोरस (Heliodorus) ने कराया था। यह स्तम्भ सीधी के स्तूप से केवल पाँच मील दूर है। यह स्तम्भ लोकभाषा में खाम बाबा के रूप में जाना जाता है। एक ही पत्थर को काटकर बनाया गया यह स्तम्भ ऐतिहासिक

दृष्टि से बहुत ही महत्त्वपूर्ण है। स्तम्भ पर पाली भाषा में ब्राह्मी लिपि का प्रयोग करते हुए एक अभिलेख मिलता है। यह अभिलेख स्तम्भ का इतिहास बताता है। नवें शुंग शासक महाराज भागभद्र के दरबार में तक्षशिला के यवन राजा अन्तिलिकित की ओर से दूसरी सदी ई. पू. हेलिओडोरस नाम का राजदूत नियुक्त हुआ। राजदूत ने वैदिक धर्म की व्यापकता से प्रभावित होकर भागवत धर्म स्वीकार कर लिया। उसी ने भक्तिभाव से एक विष्णु मन्दिर का निर्माण करवाया तथा उसके सामने गरुड़ ध्वज स्तम्भ बनवाया। इस स्तम्भ से प्राप्त अभिलेख इस प्रकार हैं—

देव देवस वासुदेवस गरुड़ध्वजे अयं
कारिते इष्य हेलियो दरेण भाग
वर्तन दियस पुत्रेण नखसिला केन
योन दूतेन आगलेन महाराज स
अंतलिकितस उपता सकारु रजो
कासी पु (त्र) (भा) ग (भ) द्रस त्रातारस
वसेन (चतु) दसेन राजेन वधमानस।

अर्थात देवाधिदेव वासुदेव का यह गरुड़ ध्वज (स्तम्भ) तक्षशिला निव्रासी दिय के पुत्र भागवत हेलिओवर ने बनवाया, जो महाराज अन्तिलिकित के यवन राजदूत होकर विदिशा में काशी (माता), पुत्र (प्रजा), पालक भागभद्र के समीप उनके राज्यकाल के चौदहवें वर्ष में आये थे।

वर्तमान में स्तम्भ के पास निर्मित मन्दिर अस्तित्व में नहीं रहा। पर पुरातात्विक प्रमाण इस बात की पुष्टि करते हैं कि प्राचीन काल में यहाँ एक वृत्तायत मन्दिर था, जिसकी नींव 22 सेंटीमीटर चौड़ी तथा 15 से 20 सेंटीमीटर गहरी मिली है। गर्भगृह का क्षेत्रफल 8.13 मीटर है। प्रदक्षिणालय की चौड़ाई 2.5 मीटर है। इसका बाहरी दीवार भी वृत्तायत है। पूर्व की ओर स्थित सभा मण्डप 74.85 मीटर आयताकार है। यहीं से मन्दिर का द्वार था। नींव में लकड़ी के खम्भे होने का प्रमाण मिला है। पुरातात्विक प्रमाण यह भी बताते हैं कि यहाँ पहले कोई 8 स्तम्भ थे, जिसमें गरुड़, ताड़पत्र, मकर आदि के चिह्न बने हुए थे। इन स्तम्भों में सात स्तम्भ एक ही कतार में, मन्दिर के पूर्व भाग

में उत्तर-दक्षिण की तरफ लगे थे। जो अब नष्ट हो चुके हैं। आठवाँ स्तम्भ ही हेलिओडोरस स्तम्भ के रूप में माना जाता है। पहले मन्दिर के भग्नावशेष पर ही दूसरी सदी ई.पू. में नया मन्दिर बनाया गया। यह मन्दिर लगभग पहली शताब्दी ईसा पूर्व में बाढ़ में बह गया। इस स्थान पर बना यह मन्दिर, वासुदेव का है। इसे संसार में प्राचीनतम माना जाता है।

सनातन यात्रा की शक्ति है भगवा

भारत एक सनातन राष्ट्र क्यों है? इसका सरल जवाब है कि जब दुनिया का सबसे विशाल साम्राज्य यानी रोम साम्राज्य मात्र एक विदेशी आक्रमण से पूरी तरह ध्वस्त हो गया और वह फिर कभी नहीं उठ पाया। वह रोमन साम्राज्य, जो पूर्वी भूमध्यसागरीय क्षेत्र, दक्षिण यूरोप, उत्तरी अफ्रीका, फिलीस्तीन और इजराइल तक फैला था, एक आँधी तक नहीं झेल सका। दूसरी ओर, भारतवर्ष था। जिस पर पहला आक्रमण ईरानी शासक एवं हखामनी वंश के संस्थापक साइरस यानी कुरुश (558-530) ने मकरान के रास्ते किया था। इसके बाद साइरस का उत्तराधिकारी डेरियस प्रथम या दारा प्रथम ने (519–13) ईसा पूर्व सिन्धु प्रदेश पर विजय प्राप्त की। उसके बाद आक्रमण का सिलसिलेवार झंझावात शुरू हुआ। सिकन्दर, कुषाण, हूण, तैमूर, चंगेज़, गजनवी, गोरी, बाबर, नादिरशाह, अहमदशाह अब्दाली, क्लाइव यानी अंग्रेज़ के आक्रमण तक यह अन्तहीन सिलसिला चला। इन आक्रमण के बाद भी भारत जीवित रहा। जब विदेशी आक्रमण के कारण मिस्त्र बेबीलोन, असीरिया आदि अनेक साम्राज्य ख़त्म हो रहे थे, रोम, फारस, मेसोपोटामिया जैसी सभ्यताएँ अपनी संस्कृति, धर्म एवं राज व्यवस्था के भग्नावशेष पर नयी संरचना को स्वीकार कर रहे थे, तब भी भारत अपनी समस्त प्राचीनता के साथ अपनी अस्मिता को बचाये हुए था।

पिछले ढाई हज़ार साल के अनवरत आक्रमण के बाद भी भारत ज़िन्दा और सतत् गतिमान है। यह इस देश की सनातनता का परिचायक है। इस राष्ट्र के जिजीविषा एवं पौरुष का लक्षण है। योगेश्वर श्रीकृष्ण ने ईसा के तीन हज़ार वर्ष पहले भारतवर्ष को एक राजनीतिक एवं सांस्कृतिक एकता में बाँधा था।

वे तब पश्चिम भाग से होने वाले आसन्न आक्रमण के कारण अपने राज्य को पश्चिम ले गये। उन्होंने उस समय भारतवर्श को, पश्चिमी भाग से होने वाले आक्रमण से निश्चिन्त किया था। इसके बाद ढाई हज़ार साल तक भारत शान्त रहा। विदेशी आक्रमण से मुक्त रहा। इस दौरान भारतीय जीवन फलता-फूलता रहा। लेकिन ठीक ढाई हज़ार साल बाद से भारतवर्ष पर ईरानी आक्रमण के साथ भारतीय जनमानस अपने अस्तित्व के लिए संघर्ष करता रहा है। इन ढाई हज़ार सालों में भारतीय जीवन में अनेक परिवर्तन हुए, लेकिन मूल आत्मा कभी नहीं बदली। ढाई हज़ार साल के संघर्ष के दौरान कई बार ऐसा लगा कि भारत का नामोनिशान मिट जायेगा, परन्तु हर बार भारत उठ खड़ा हुआ। सिकन्दर के आक्रमण के समय चाणक्य और चन्द्रगुप्त शक-कुषाण के काल में विक्रमादित्य, गौतमीपुत्र भातकर्णी पुष्यमित्र और वसुमित्र हूणों (तोरमाण और मिहिरकुल) के समय स्कन्दगुप्त और यशोवर्मन जैसे महान शासक खड़े हुए। हूण ऐसे आक्रमणकारी थे, जिन्होंने पाँचवीं शताब्दी में मध्य 'एशिया को अपने पैरों के तले रौंद दिया था। तब इसी स्कन्दगुप्त ने उत्तराधिकारी के संघर्ष में न उलझकर, राजधर्म और देश के लिए हूणों के साथ संघर्ष किया, और उन्हें परास्त कर आगे बढ़ने से सफलतापूर्वक रोक दिया। बाद में परवर्ती गुप्त साम्राज्य के शासक नरसिंह गुप्त बालादित्या और भानुगुप्त ने हूण आक्रमणकारी मिहिरकुल को परास्त किया। बन्दी बनाकर भारतीय स्वाभिमान को अक्षुण्ण रखा था।

गुप्त शासक के बाद सातवाहनों का शासन काल आया। इसके पतन के बाद उत्तर-पश्चिम में आभीरों, दक्षिण में चतुऔर आन्ध्र प्रदेश में इक्ष्वाकु वंश का शासन उदय हुआ। मध्य प्रदेश में वाकटक का शासन चलता रहा। लेकिन दक्षिण पूर्व में कांचीपुरम में पल्लवों का अभ्युदय हुआ जिसमें बादामी के चालुक्य, पल्लव और पाण्ड्य प्रमुख नाम हैं। इसके बाद चोल और राष्ट्रकूटों के शासन का दौर आता है। जो 10वीं सदी में उभरे और अपनी शक्ति और नीति के कारण उत्तर

पल्लव शासन के काल का ध्वज

भारत से लेकर विदेश में भी अभियान चलाया। चालुक्य वंश की तीन शाखाओं का उदय हुआ, जिनमें पूर्वी चालुक्य, कल्याणी के चालुक्य और बादामी के चालुक्य हैं। इनमें एक से बढ़कर एक प्रतापी शासक हुए। चोल साम्राज्य का शासन काल 846 ईसवी से 1146 तक रहा। 12वीं सदी तक चालुक्य साम्राज्य का अन्त हो गया, और 13वीं के सदी के प्रारम्भ में चोल साम्राज्य अपना गौरव खोने लगा। तब दक्षिण में पाण्ड्य और होयसल और उत्तरी भाग में काकतीय और यादव वंश का उदय हुआ। जो पूरी एक सदी तक संघर्षरत रहे। यह संघर्ष भीषण हुआ, जिसमें शासकों ने कभी हार नहीं मानी। किसी राजवंश के शासक ने आधिपत्य स्वीकार किया, तो उसके ख़िलाफ़ विद्रोह भी हुआ। दक्षिण के केम्पिली के सुप्रसिद्ध शासक कम्पिलदेव, जिसने देवगिरि के शासक के साथ और बाद में अकेले ही मोहम्मद बिन तुगलक के साथ युद्ध किया। ईसवी सन् 1327 का भीषणतम संघर्ष इतिहास प्रसिद्ध है। होयसल जो 1022 से 1342 तक, काकतीय का 1000 से 1326 तक शासन रहा। यादवों का शासन काल 1271 ईसवी तक रहा। यह संघर्ष अभी चल ही रहा था कि विजयनगर साम्राज्य का उदय हो गया। इस साम्राज्य ने इस्लाम के बढ़ाव का सफल प्रतिरोध करते हुए दक्षिण में हिन्दू सभ्यता का झण्डा बुलन्द रखा और क़रीब तीन शताब्दियों तक अपनी यह भूमिका अदा की। अपने राज्य शासन विधि, पठन-पाठन, और कलाओं में पुरानी परम्पराएँ सुरक्षित रखीं। विजयनगर का इतिहास स्वतन्त्र हिन्दू दक्षिण भारत के इतिहास का गौरवशाली अध्याय है, जिसके भग्नावशेष पर मराठा साम्राज्य की नींव पड़ी। इसके शासकों ने काकतीय आदर्शों का अनुकरण करते हुए संयुक्त शासन किया। जब इस विजयनगर साम्राज्य के तीसरे एवं अन्तिम आरविंडू राजवंश के शासकों के हाथ से कर्नाटक राजवंश छूट रहा था, उसी समय शिवाजी का महत्त्वपूर्ण जीवन काल आरम्भ हुआ। आरविंडू शासक श्रीरंग का अंत भी नहीं हुआ था कि शिवाजी 1674 में छत्रपति बन गये। और हिन्दूपादशाही की घोषणा कर दी। इसी मराठा साम्राज्य

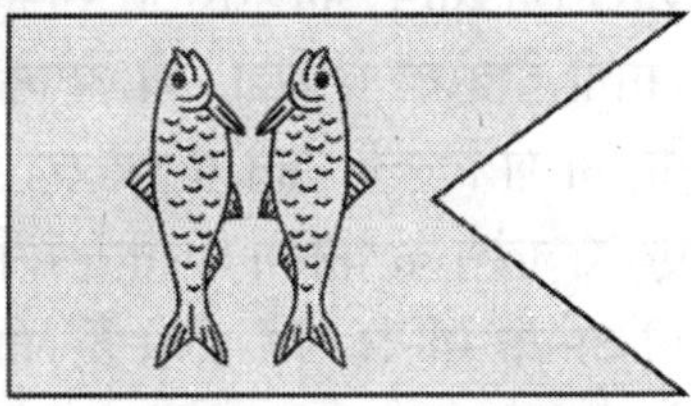

पाण्ड्य शासन के काल का ध्वज

में शिवाजी महाराज के बाद बाजीराव, बालाजी बाजीराव, बाजीराव विश्वनाथ, नाना फड़नवीस, अहल्याबाई होल्कर आदि प्रतापी शासक हुए। बाद में इसी मराठा शक्ति ने अन्ततः भारत से मुग़ल वर्चस्व को ख़त्म कर दिया। फर्रुखसियार के कालखण्ड 1713-19 की अवधि में चौथ और सरदेशमुखी वसूलने का अधिकार प्राप्त था। वहीं 1771 में शाह आलम द्वितीय को मराठा शक्तियों ने अपनी देखरेख में रखा, जो अपने वजीर के कारण दिल्ली आने में डर रहा था। दक्षिण भारत में ऐसे ही महान शासकों एवं राजवंश के कारण भारतीय मनीषा की रक्षा हो पायी। दक्षिण भारत में अब भी अनेक मन्दिर सजे-सँवरे हैं, जो पीढ़ी-दर-पीढ़ी के महान हिन्दू निर्माताओं के कलाप्रेम का स्मारक स्वरूप है।

पांडयशासन के काल का ध्वज

पं. रामदीन पाण्डे ने 'प्राचीन भारत की सांग्रामिकता' ग्रन्थ में प्राचीन ग्रन्थों के आधार पर एक ऐसी पद्धति दी है, जो पढ़ने योग्य है। उसमें आठ प्रकार के झण्डे थे, उनमें सबकी ऊँचाई और रंग अलग-अलग थे। उनमें सबसे छोटा झण्डा 'जय' पाँच हाथ लम्बाई का था। उसके बाद 'विजय', 'भीम', 'चपल', 'वैजयन्तिक', 'दीर्घ', 'विशाल' और 'लोल', ये चढ़ती श्रेणी के झण्डे तथा ऊँचाई में क्रमशः एक-एक हाथ बढ़ते गये। इन झण्डों का रंग क्रमशः लाल, सफ़ेद, अरुण, पीला, विविध, नीला, धारीदार और काला था। इन झण्डों में लाल रंग का 'जय' ध्वज सब में हलका तथा विजय चिह्न के रूप में फहराया जाता था। पूर्ण विजय की घोषणा करने के लिए सफ़ेद रंग का 'विजयध्वज' लहराया जाता था। घनघोर युद्ध का संकेत देने के लिए 'भगवे अरुण रंग का ध्वज' ऊँचा किया जाता था। जब दिखता था कि युद्ध को निर्णायक स्वरूप नहीं मिल रहा है तब पीला 'चपल' ध्वज खड़ा कर ज़्यादा तीव्र आक्रमण और अधिक भयानक मारकाट कराने का आदेश देने के लिए खड़ा किया जाता था।

देवताओं व यज्ञ के झण्डे भारतीय आर्यों के जीवन में समाज के लिए घातक और रक्षक शक्तियों की उपासना प्रारम्भ काल से निहित है। पराक्रम

करते हुए ज्ञात विश्व को जीतकर विशाल भूप्रदेश और असीम सम्पत्ति सम्पादन करने की आकांक्षा सम्राटों ने जिस प्रकार सफल की, उसी तरह उन्होंने भक्ति भावना से यज्ञ-नारायण को उदारता से दान कर जनता जनार्दन को सन्तोष पहुँचाने में भी धन्यता मानी। जैसा हमारा समाज महापराक्रमी, वैसे ही हमारे देवता भी! इसीलिए उन शस्त्रसिद्ध पराक्रमी देवताओं को यज्ञकुण्ड में आहुति देते समय उन देवताओं के झण्डे बनाकर, देवताओं को ही अर्पित किये जाते थे और वही झण्डे यज्ञमण्डप पर लहरते थे। कालान्तर में यज्ञ रूप में देवताओं का पूजन पीछे छूट गया और सगुण भक्ति प्रचलित हुई। बड़े-बड़े मन्दिर खड़े हुए और उन मन्दिरों के आकाश को छूने वाले ऊँचे शिखरों पर भी झण्डे लहराने लग गये। घरों पर, यज्ञमण्डपों पर, मन्दिरों पर, राजप्रासादों आदि सब स्थानों पर ध्वज आरूढ़ हुए। 'पंचरात्रि' में ध्वजेन रहितं ब्रह्मन् मण्डप तु तृणा भवेत्। 'शिवरहस्य' में 'चितयन्त्यसुरश्रेष्ठा ध्वजहीन सुरालयम्' वर्णन इसकी गवाही देता है।

सतत संघर्ष के दौर में भगवा

भारतवर्ष के इतिहास में यूनानी शक-कुषाण, हूण और ईरानी आक्रमण के बाद सातवीं सदी में एक बार आक्रमण का सिलसिला शुरू हुआ। यह आक्रमण नये प्रकार का और नयी सोच को थोपने के लिए था। इसकी शुरुआत 712 ईसवी में अरब आक्रमणकारी मोहम्मद बिन कासिम से हुई। इसके बाद का काल सतत संघर्ष का काल था। जिसमें अस्तित्व रक्षा के साथ अपनी सभ्यता और संस्कृति को बचाये रखने का भी सवाल उत्पन्न हुआ। इस आक्रमण के बाद भारतीय शासक सावधान हुए क्योंकि इस आक्रमण की प्रकृति पहले के आक्रमण से विपरीत थी। इसलिए इसका सामना करने के लिए तरीक़ा भी नया ईजाद किया गया। पहली बार भारतीय राजनीतिक पटल पर राजपूतों का उदय हुआ। एक योद्धा वर्ग, जो सतत विदेशी आक्रमण के ख़िलाफ़ खड़ा रहा। जीवन अर्पण किया, लेकिन मान-सम्मान नहीं। इस शुरुआती दौर में देश के विभिन्न दिशाओं और भागों से पाल, प्रतिहार, चौहान, गहड़वाल, परमार, राष्ट्रकूट, चन्देल और चालुक्य वंश का उदय हुआ, जिसने 11-12 वीं सदी तक भारत में अरब के आक्रमण को रोके रखा। इस पाँच सौ साल के दौरान अनगिनत शासक हुए, जिन्होंने अपने जौहर और पराक्रम की गाथाएँ लिखीं। इनमें 11-12 वीं सदी भारतीय इतिहास की सर्वाधिक अहम घटना है। यह दौर तुर्की आक्रमण का था जिसकी परिणति अन्ततः भारत में तुर्की राज्य की स्थापना में हुई। ईसवी सन् 1206 से लेकर 1757 तक भारतीय इतिहास का एक चुनौतीपूर्ण कालखण्ड रहा है। इसमें अस्तित्व की रक्षा का सवाल सर्वोपरि था। साथ ही समाज, धर्म, संस्कृति और सभ्यता को अक्षुण्ण रखना भी ज़रूरी था।

सातवीं सदी से लेकर 13 वीं सदी और इसके बाद के कालखण्ड में अनेक राजवंश के उत्थान-पतन का काल रहा है। इन राजवंश में गुर्जर-प्रतिहार, चौहान, परमार, चालुक्य, चन्देल, गहड़वाल, गुहिल या सिसोदिया तोमर, कलचुरि आदि अधिकांश राजवंश राजपूत माने जाते हैं। इस काल में इन राजपूतों के विशेष दायित्व निश्चित किये गये। इनमें प्राणियों की रक्षा करना, शास्त्र द्वारा जीविकोपार्जन, सत्पुरुषों का आदर, दीन-दुखियों का उद्धार और युद्धभूमि से न भागना बताया गया है। राजपूतों की उत्पत्ति के बहुत से कारण बताये गये हैं लेकिन यह सर्वमान्य है कि आठवीं और नवीं सदी में इन्हें क्षत्रिय के रूप में स्वीकार कर लिया गया था। इन राजपूतों के माध्यम से भारतीय सभ्यता पुनः अपनी ताक़त को व्यावहारिक स्तर पर प्रकट कर रही थी। एक नये संकट, यानी तुर्क आक्रमण से सामना करने के लिए पहले चरण में इन राजपूतों ने अपनी वंश की परम्परा का मूल सूर्य, चन्द्र और अग्नि से मानकर अपनी श्रेष्ठता सिद्ध की। चौहान को सूर्यवंश, सिसोदिया को इक्ष्वाकु यानी श्रीराम के वंश के साथ जोड़ा गया। इसके अलावा प्रतिहार, चालुक्य और राष्ट्रकूट वंश का सम्बन्ध राम और कृष्ण से बताया गया। प्रतिहार, चौहान, चन्देल और गुहिल के आदि वंश के संस्थापक ब्राह्मण थे, तो चन्देल, राठौर और गहड़वाल आदि के वंशज जनजातीय समाज से थे। ऐतिहासिक साक्ष्यों के अनुसार दस सूर्यवंशीय क्षत्रिय, दस चन्द्रवंशीय क्षत्रिय, बारह ऋषिवंशीय क्षत्रिय एवं चार अग्नि वंशीय क्षत्रिय यानी कुल 36 क्षत्रिय वंशों के प्रमाण हैं। कालान्तर में चौहान वंश की चौबीस अलग-अलग शाखाएँ हुई। समाज ने उन सभी व्यक्तियों एवं योद्धा वर्ग को क्षत्रिय के रूप में स्वीकार कर लिया, जिन्होंने देश की रक्षा की। भारतीय संस्कृति की प्रगति में योगदान दिया। तुर्क एवं अरबी आक्रमण के ख़िलाफ़ जब समूची दुनिया नतमस्तक हो रही थी, तब राजपूतों ने मातृभूमि की रक्षा में अपना रक्त बहाया। जिस समय वे अरबों से लोहा ले रहे थे, उस समय भी उन्होंने देश की सांस्कृतिक प्रगति की उपेक्षा नहीं की।

कई इतिहासकार एवं विचारक कहते हैं कि अनेक राजपूत वंश एवं उनके राज्यों के कारण भारत पर विजय आसान हुआ। छोटे-छोटे राजवंशों में

एवं उनकी जिजीविषा के कारण ही भारत को कभी जीता नहीं जा सका। यह भारतीय सभ्यता की सनातनता की पहचान है कि किसी भी कालखण्ड में वीर एवं महान शासकों का अभाव नहीं रहा।

भारतीय सभ्यता, उसकी सनातनता और शाश्वतता के कई उदाहरण दिये जा सकते हैं। इतिहासकार कहते हैं कि जब भारतीय जनमानस ने मौर्य और गुप्त वंशीय शासक को क्षत्रिय घोषित किया तो उसे वर्णव्यवस्था के आग्रह के रूप में लिया गया। लेकिन मध्यकाल में ब्राह्मण, वैश्य, शूद्र एवं कई जनजातीय मूल के शासक को राजपूत प्रमाणित करने की विशेष आवश्यकता क्यों पड़ी? जबकि सातवाहन, वाकाटक, कदम्ब, गुप्त एवं हर्ष के सम्बन्ध में ऐसा नहीं किया गया। इसका कारण ऐतिहासिक और राष्ट्रीय है। यह मौर्य और गुप्त वंश के लिए सही है और मध्यकालीन राजपूत शासकों के लिए भी। इन शासन परम्परा ने एक विशिष्ट सांस्कृतिक चेतना का निर्माण किया था। इनकी युद्धप्रियता, शौर्य, रीति-रिवाज़, स्थापत्य कला, खान-पान, वेशभूषा और धार्मिक मान्यताओं को विकसित किया। इसके अलावा, विदेशी आक्रमण के ख़िलाफ़ अनवरत युद्ध के कारण ये हिन्दू समाज के राजनीतिक नेता मान लिए गये।

सातवीं सदी के बाद पराक्रम, साहस, बलिदान तथा विजय की गाथाएँ ही भारत राष्ट्र की आत्मा और दिल रहीं। देश के विभिन्न भागों से छोटे-छोटे राजवंश ने शौर्य एवं यश के माध्यम से इतिहास में अमिट छाप छोड़ी। सातवीं से 13 वीं सदी तक इन राजवंशों ने सफलतापूर्वक विदेशी आक्रमण को न केवल रोका, बल्कि हर आक्रमण के माध्यम से विरोधियों को पीछे भी हटाया। अन्यथा समूचा विश्व जब अरब आक्रमण के सामने घुटने टेक रहा था, तब भारतीय राजाओं ने भारत से बाहर जाकर आक्रमण किया। राजपूतों एवं ऐसे ही छोटे-छोटे राजवंश नहीं होते, उनके संघर्ष की गाथाएँ नहीं होतीं, तो आठवीं सदी में ही भारत पर तुर्क एवं अरबों का शासन हो गया होता। इन राजपूतों के भारत राष्ट्र एवं इसकी संस्कृति के संरक्षण एवं संवर्द्धन में योगदान के लिए अकेले सिसोदिया वंश की कहानी ही काफ़ी है। इस सिसोदिया वंश में बप्पा रावल, हम्मीर देव, राणा कुम्भा, राणा सांगा, राणा प्रताप सरीखे राष्ट्रनायक

तथा भामाशाह, पूजा भील, झाला मान, चूण्डा, रामसिंह तंवर जैसे मेवाड़ रत्न और हाडारानी रानी पद्मिनी मीराबाई, पन्नाधाय जैसी तेजस्वी महिलाएँ हुईं।

सातवीं सदी के बाद हज़ार साल का कालखण्ड भारतीय ज़ीवन के लिए सामान्य नहीं रहा। ज्ञान था लेकिन उसे व्यवहार में बदलने का अवसर नहीं था। परिस्थितियाँ सामान्य नहीं थीं। इसकी शुरुआत 712 ईसवी में अरब आक्रमणकारी मोहम्मद बिन कासिम के आक्रमण से हुई। इसके बाद एक दूसरा कालखण्ड आया। ईसवी सन् 1206 से लेकर 1757 तक भारतीय इतिहास का एक चुनौतीपूर्ण कालखण्ड रहा है। जिसमें अस्तित्व की रक्षा का सवाल सर्वोपरि था। साथ ही समाज, धर्म, संस्कृति और सभ्यता को अक्षुण्ण रखना भी ज़रूरी था। ईसवी सन् 712 से लेकर 1206 तक भारतीयों ने रणक्षेत्र के साथ जीवन के हरेक क्षेत्र में अपनी सभ्यता के पदचिह्न छोड़े। चाहे वह कला हो या संस्कृति हो या राजनीति। इसके बाद का कालखण्ड ऐसा था, जब समूचा राष्ट्र युद्ध में संलग्न था। धर्म और संस्कृति पर आक्रमण के दौर में कोई समाज स्वाभाविक प्रगति नहीं कर सकता। ऐसी स्थिति में स्वाभाविक रूप से कई बुराइयों का समाज में प्रवेश भी हुआ। लेकिन समाज ने ही इन बुराइयों को छोड़ा भी। हालाँकि इस युद्धकाल में भी शासकों ने कला के क्षेत्र में अद्भुत मिसाल प्रस्तुत किये। कृष्णदेव राय, बाजी, राणा प्रताप और राणा सांगा के योगदान को कमतर नहीं आँका जा सकता। भक्ति आन्दोलन ने तो समूचे परिदृश्य को ही बदलकर रख दिया।

सवाल किया जाता है कि भारत में औद्योगिक क्रान्ति नहीं हुई। कदाचित अगर यह शान्ति का काल होता तो भारतीय समाज कुछ अलग प्रकार की ही क्रान्ति करता। अवसर मिला, तो गांधीजी ने आज़ादी के संघर्ष के दौरान दिखाया भी। क्रान्ति का एकमेव तरीक़ा। हत्या और ख़ून के माध्यम से राज सत्ता नहीं पायी जाती। उन्होंने लक्ष्य के साथ साधन की पवित्रता के माध्यम से एक नयी प्रकार की क्रान्ति की परिभाषा दुनिया के समक्ष रखी।

भारतीय मानस ने हालाँकि कभी भी इतिहास, राष्ट्र या राजनीति की पश्चिमी अवधारणा को नहीं स्वीकारा। बावजूद इसके आमजन कैसे स्वीकारे, एक उदाहरण जिससे सब कुछ स्पष्ट हो जायेगा। ये बातें भारत के बारे में एक

आप्रवासी भारतीय ने लिखीं, जो भारत को आहत सभ्यता माना था। उनके उद्धरण इस प्रकार हैं :

लगभग दो सौ मील दूर दक्षिण में, पत्थरों और विशाल शिलाखण्डों के एक पठार पर महान प्राचीन हिन्दू राज्य विजयनगर के अवशेष हैं। विजयनगर की स्थापना 1336 में हुई थी। एक स्थानीय हिन्दू राजा, जिसे मुसलमान आक्रमण के बाद पकड़कर दिल्ली ले गये और इस्लाम में धर्मान्तरित कर दिया। फिर उसे मुस्लिम सत्ता के एक प्रतिनिधि के रूप में दक्षिण भेज दिया गया। दक्षिण में उसी धर्मान्तरित दो भाइयों हरिहर और बुक्का ने विजयनगर साम्राज्य की स्थापना की जो 1565 ईसवी तक चला। तब मुस्लिम हमलावरों ने उसे जीतकर पूरी तरह बर्बाद कर दिया था। उस समय वह विश्व का सबसे उन्नत एवं सभ्यता में अग्रणी महानगरों में था। उसकी दीवारें चौबीस मील तक विस्तृत थीं। इस शहर को नेस्तनाबूद करने में पाँच माह लगे। कुछ लोगों के अनुसार इसे नष्ट करने में एक वर्ष लगा।

आज यह पूरा शहर एक उजाड़ स्थान है जिसमें पत्थरों या ईंटों की संरचना के बिखरे हुए अवशेष मात्र हैं। तुंगभद्रा नदी के निकट इसके अवशेष हैं—महल और अस्तबल, शाही स्नानघर, संगीतमय पथरीले स्तम्भों के समूहवाला एक मन्दिर। टूटी हुई एक नाली। नदी पर बने पुल के गिरे हुए ग्रेनाइट के स्तम्भ। इसके अलावा नदी के पार भी बहुत कुछ है। लम्बा और बहुत चौड़ा एक रास्ता, जिसके एक सिरे पर शिव का वाहन नन्दी बैल की विशाल मूर्ति है। दूसरे सिरे पर एक चमत्कार—एक मन्दिर जिसे किसी कारण से 400 वर्ष पूर्व हुए विनाश में छोड़ दिया गया था। वह अब भी सलामत है और पूजा के लिए इस्तेमाल किया जाता है। आज भी यहाँ तीर्थयात्री नियमित आते हैं। चढ़ावा चढ़ाने और पुराने चमत्कार की प्रथाओं को निभाने।

यही कुछ सोमनाथ, नालन्दा और समूचे भारत में चल रहा था। हर ओर युद्ध। असामान्य स्थिति। सभ्यता पर संकट का दौर। हमारे बुद्धिजीवी कहते हैं कि पुनर्जागरण पश्चिम में हुआ। तकनीकी और ज्ञान में भारत पश्चिम से पिछड़ गया। लेकिन यह सही नहीं है। ब्रिटिश काल में भीषण दमन के दौरान, भारत में बौद्धिक उत्थान का युग था। भारतीय राष्ट्रीयता ने भारत के अतीत

को याद किया। राष्ट्रीयता का प्रकटीकरण एकदम भारतीय सभ्यता के माध्यम से। कला-संस्कृति, ज्ञान-विज्ञान, धर्म-अध्यात्म के साथ समाज, राजनीति एवं अर्थनीति सभी क्षेत्रों में। सनातन भारतीय राष्ट्रीयता का प्रकटीकरण। सोच के साथ किस तरह कर्म और जीवन में व्यवहार के स्तर पर भारतीय मानस एक था। उसका एक उदाहरण पर्सी ब्राउन ने अपनी क्लासिक कृति *इंडियन आर्किटेक्चर इन बुद्धिस्ट एड हिन्दू पीरियड्स* में किया है—“दक्षिण भारतीय कलाकृतियों विशेषकर दक्षिण भारत के मूदबिद्रि स्थित चन्द्रनाथ मन्दिर के सन्दर्भ में वे कहते हैं कि स्तम्भ कॉलम, विशाल पाल गलियारे व छतें तो काफ़ी हद तक नेपाल और कश्मीर में बने मन्दिर जैसी है। अन्तर केवल इस्तेमाल की गयी सामग्रियों का है। ब्राउन लिखते हैं कि यह समानताएँ इत्तफाक नहीं है।”

मध्यकाल के राजाओं के वंश, ध्वज, इष्ट के साथ विभिन्न चिह्न

प्रतिहार वंश

वंश	—	सूर्य वंश
गोत्र	—	कपिल
वेद	—	यजुर्वेद
कुल देवी	—	चामुण्डा माता
वर देवी	—	गाजन माता
कुल देव	—	विष्णु भगवान
शिखा	—	दाहिनी
कुल गुरु	—	वशिष्ठ
ध्वज	—	सूर्य चिह्न युक्त लाल ध्वज
वृक्ष	—	सिरस
नदी	—	सरस्वती
तीर्थ	—	पुष्कर राज
मन्त्र	—	गायत्री जाप
पक्षी	—	गरुड़
नगारा	—	रणजीत
चारण	—	लालस
बोली	—	सोनेलिया लाखणिया
विरद	—	गुजरेश्वर राणा

वंश	—	चंद्रवंशी
कुल देवी	—	चिल्लाय माता
शाखा	—	मधुनेक, वाजसनेयी
गोत्र	—	अत्रि, गार्ग्य, व्यागर
शिखा	—	दाहिनी
शस्त्र	—	खड़ग
ध्वज	—	पंजरगा
पुरोहित	—	भिवाल
स्थान	—	पाटा मानससरोवर
कुल वृक्ष	—	गुल्लर
प्रणाम	—	जय गोपाल
निशान	—	कपि, चन्द्रमा
बोल	—	भँवर
घोड़ा	—	भवते
निकास	—	हस्तिनापुर
रंग	—	हरा
शंख	—	पिचारक
नदी	—	सरस्वती
वेद	—	यजुर्वेद
सवारी	—	रथ
देवता	—	शिव
गुरु	—	सूर्य

राठौड़ वंश

वंश	—	इक्ष्वाकु
गोत्र	—	गौतमस्य
नदी	—	सरयू
कुण्ड	—	सूर्य

क्षेत्र	—	अयोध्या
गुरु	—	वशिष्ठ
पुरोहित	—	सोहड़
वेद	—	भाक्ल यजुर्वेद
घोड़ा	—	दलसिंगार
तलवार	—	रणथली
धर्म	—	संन्यास
गउ	—	कपिला
नगारा	—	रणजीत
निशान	—	पंचरंगा
ढोल	—	भँवर
शिखा	—	दाहिनी
चिह्न	—	चील
इष्ट	—	सीताराम
सम्प्रदाय	—	रामानुज
उपाधि	—	रणबंका, कमध्वज

परमार वंश

वंश	—	अग्निवंश
कुल	—	सोढ़ा परवार
गोत्र	—	वशिष्ठ
प्रवर	—	वशिष्ठ, अत्रि
वेद	—	यजुर्वेद
उपवेद	—	धनुर्वेद
राजधानी	—	उज्जैन
कुलदेवी	—	सच्चियाय माता
इष्टदेव	—	सूर्यदेव महाराज
तलवार	—	रणारे

ढाल	—	हरियाण
निशान	—	केसरी सिंह
ध्वजा	—	पीला रंग
शस्त्र	—	भाला
नदी	—	सकरा यानी क्षिप्रा

गुहिलोत यानी सिसोदिया वंश

वंश	—	सूर्यवंश
प्रवर	—	कच्छ, भुज
वेद	—	यजुर्वेद
शाखा	—	वाजसनेयी
गुरु	—	वशिष्ठ
ऋषि	—	हरित
कुलदेवी	—	बाण माता
कुलदेवता	—	सूर्यनारायण
इष्ट देव	—	श्री एकलिंगजी
वृक्ष	—	खेजड़ी
नदी	—	सरयू
झण्डा	—	सूर्य उक्त
पुरोहित	—	पालीवाल
कटार	—	दलभंजन
नगारा	—	बेरीसाल
पक्षी	—	नीलकण्ठ
निशान	—	पंचरंगा
घोड़ा	—	श्याम कर्ण
तालाब	—	शेडाला
चिह्न	—	सूर्य
शाखाएँ	—	पूरे देश में 24 शाखाएँ

चौहान वंश

वंश	—	अग्निवंश
वेद	—	सामवेद
गोत्र	—	वत्स
वृक्ष	—	आशापाल
नदी	—	सरस्वती
इष्टदेव	—	अचलेश्वर महादेव
कुलदेवी	—	आशापुरा
नगारा	—	रणजीत
निशान	—	पीला
झण्डा	—	सूरज, चाँद और कटारी
शाखा	—	कौथुनी
पुरोहित	—	सनाढ्य
गढ़	—	रणथम्भौर
गुरु	—	वशिष्ठ
तीर्थ	—	भृगु क्षेत्र
पक्षी	—	कपोत
ऋषि	—	शांडिल्य

कछवाहा वंश

गोत्र	—	मानव, गौतम
प्रवर	—	वशिष्ठ
कुलदेव	—	श्रीराम
कुलदेवी	—	जमवाय माताजी
इष्टदेवी	—	जीण माताजी
इष्टदेव	—	गोपीनाथ
वेद	—	सामवेद
शाखा	—	कौथुनी

नदी	—	सरयू
वृक्ष	—	अखेबड़
निशान	—	पंचरंगा
छत्रश	—	वेत
पक्षी	—	कबूतर
तिलक	—	केसर
गुरु	—	वशिष्ठ

भाटी वंश

वंश	—	चंद्रवंश
कुल	—	यदुवंशी
कुलदेवता	—	लक्ष्मीनाथ
इष्टदेव	—	कृष्ण
वेद	—	यजुर्वेद
गोत्र	—	अत्रि
ध्वज	—	भगवा पीला रंग
ढोल	—	भँवर
छत्र	—	मेघाडम्बर
ध्वज	—	भगवा पीला रंग
गुरु	—	रतननाथ
पुरोहित	—	पुष्करण ब्राह्मण
नदी	—	यमुना
वृक्ष	—	पीपल
राग	—	मांड
प्रणाम	—	जय श्रीकृष्ण

सोलंकी वंश

वंश	—	अग्निवंश
गोत्र	—	भारद्वाज, वशिष्ठ

प्रवर	—	भारद्वाज, अंगिरस, बार्हस्पत्य
वेद	—	यजुर्वेद
शाखा	—	मध्यन्दिनी
सूत्र	—	परास्कर, गृह्यसूत्र
इष्टदेव	—	विष्णु
कुलदेवी	—	चण्डी, काली, खीवज
नदी	—	सरस्वती
धर्म	—	वैष्णव
गदी	—	पाटन
उत्पत्ति	—	आबू पर्वत
मूल पुरुष	—	चालुक्य देव
निशान	—	पीला
शिखापद	—	दाहिना
पूजन	—	दशहरा

भारतवर्ष और सभ्यता का संघर्ष

600 से 1500 ईसवी का कालखण्ड इतिहास में मध्यकाल कहा जाता है। 600 के पूर्व यूरोप के ईसाइयों को अपनी संस्कृति एवं सभ्यता के विस्तार करने में कोई कठिनाई नहीं हुई। यहूदी सभ्यता की कोख से उत्कृष्ट ईसाई सभ्यता का उदय हुआ। इसके उदय के कुछ समय बाद (70 ईसवी) में ही यहूदी सभ्यता के चिह्न फिलिस्तीन से लगभग ख़त्म हो गये। सातवीं सदी में अरब के असभ्य क़बीलों से इस्लामी सभ्यता विकसित हुई। इस्लाम ने विकास के प्रारम्भिक काल में ही पारसी (ईरानी) सभ्यता को विनष्ट कर दिया। इस प्रकार 7वीं सदी में सभ्यता के केन्द्र में हिन्द, अरब (इस्लाम), ईसाई तथा मंगोल चीन-जापान प्रायद्वीप प्रमुख थे।

हिन्दुस्तानी एवं मंगोल सभ्यता में प्राचीनकाल से ही समन्वय सौहार्द के सम्बन्ध रहे हैं। यहाँ सभ्यता के संघर्ष एवं विस्तार की कहानी नहीं लिखी गयी। वरन् दोनों सभ्यताओं में परस्पर सांस्कृतिक, आध्यात्मिक, कलात्मक एवं आर्थिक आदान-प्रदान हुआ। जहाँ सांस्कृतिक राजदूत के रूप में चीन से युंग-युन, फाह्यान, इत्सिंग, ह्वेनसांग, चाउ-जु कुआ आदि आये, वहीं भारत से कश्यप-मातंग, कुमारजीव सन्तरक्षित, कौडिन्य आदि अनगिनत सांस्कृतिक मनीषी चीन, तिब्बत और मलाया प्रायद्वीप गये। इस मंगोल (बाद के कालखण्ड में मलाया प्रायद्वीप) सभ्यता का भारत से सांस्कृतिक सम्बन्ध रहा। इसके अतिरिक्त इस सभ्यता का सामना इस्लाम-ईसाई सभ्यता से हुआ। परन्तु हिहिटपुर युद्ध, मतांनतर के अलावा इस सभ्यता का परस्पर सम्बन्ध नगण्य रहा। उपनिवेशवाद-साम्राज्यवाद के आधुनिक पाश्चात्य चरण में चीन पाश्चात्य (ईसाई) सभ्यता का मोहरा बना, लेकिन जापान पृथक् एवं

आधुनिक राष्ट्र के रूप में अस्तित्व बचाये रख सका। इधर, मलाया प्रायद्वीप में इस्लामीकरण-ईसाईकरण का दौर चलता रहा। जो उपनिवेशवाद के रूप में आगे बढ़ा।

अतः मध्यकाल ईसाई-इस्लाम का विश्वव्यापी विस्तार एवं परस्पर युद्ध का काल रहा। इसमें भारत भी एक सभ्यता की धुरी होने के कारण इनका हिन्दुत्व के साथ भी वैचारिक कम, सैन्य संघर्ष सतत चलता रहा। अतः आधुनिक देशों की सभ्यता का निर्माण, इस मध्यकाल एवं आधुनिक काल के प्रारम्भिक इतिहास में देखना होगा। ईसा मसीह के शिष्य सन्त पीटर ने जिस चर्च की स्थापना की थी, रोमन सम्राट के अंगीकार कर लेने से सारे यूरोप में उसे मान्यता मिल गयी। चर्च द्वारा एक जटिल संगठन का निर्माण हुआ, जिसमें पूरा यूरोप 'ईसा का राज्य' (क्रिसमेडम) कहलाया। पूरा ईसाई धार्मिक साम्राज्य अनेक राजनीतिक भू-भागों में बँटा हुआ था, जिसकी राजधानी रोम थी। बाद में पीटर का उत्तराधिकारी सारे साम्राज्य का राजनीतिक-धार्मिक सम्राट होता था। व्यक्ति पैदा होते ही चर्च की शरण में चला जाता और मृत्यु तक उसे मुक्ति नहीं मिलती। यदि चर्च निर्धारित संस्कारों को न अपनाया जाये। बर्बर हूण-तातार जातियों के आक्रमण से 500 ईसवी तक (रोमन साम्राज्य की स्थापना तक) यह विजेण्टाइन साम्राज्य के नाम से 1453 तक चलता रहा। 15वीं सदी में अरब प्रायद्वीप आटोमन तुर्की साम्राज्य का अंग बना। बाद में आटोमन तुर्की के नेता महमूद द्वित्तीय ने 1453 में कुस्तुनतुनिया को जीतकर पूर्वी रोमन साम्राज्य का भी अन्त कर दिया।

यहाँ यह प्रश्न स्वाभाविक रूप से उठता है कि क्या कारण है कि यूरोप के भीतर तक घुस जाने के बावजूद तुर्क मध्ययुगीन बर्बर रहे और यूरोप में आधुनिक युग का उदय हो गया। कालान्तर में (प्रथम विश्व युद्ध के बाद) तुर्क से यूरोप का बहिर्गमन ही तुर्की की आधुनिकता का प्रथम चरण बनता है? इस प्रश्न के उत्तर के पूर्व घोड़ा इस्लाम (अरब) सभ्यता के अभ्युदय एवं विकास को जानना आवश्यक है।

मुहम्मद साहब द्वारा चलाया मज़हब सेमेटिक मत में अन्तिम रहा। ईसा मसीह के विपरीत मुहम्मद साहब शान्तिप्रिय व्यक्ति नहीं थे। उन्हें अपने मत

अर्थात इस्लाम-मज़हब के विस्तार के लिए काफी संघर्ष करना पड़ा। शुरुआत में उन्हें अरबी लोगों से ही संघर्ष करना पड़ा। बाद में वे मक्का से ग़ैर-यहूदी क्षेत्र मदीना गये। यहाँ के लोगों का, जिनका यहूदी के साथ संघर्ष चल रहा था, ने हजरत मुहम्मद को अपना नेता चुना। उनके नेतृत्व में यहूदी लोग परास्त हुए। परन्तु यहूदी संस्कृति ने मुहम्मदी सभ्यता पर गहरा प्रभाव डाला। अभिवादन के लिए सलाम कहने की प्रथा, लड़का की सुन्नत, मुसलमानी नाम, अरबी वर्णमाला एक लिपि आदि स्रोत यहूदी सभ्यता ही रही है।

एशिया के पश्चिम में स्थित तुर्किस्तान के पहाड़ी और पठारी क्षेत्रों में चौदहवीं सदी में एक ऐसी शक्ति का उदय हुआ, जिसने सौ वर्षों में ही पश्चिमी यूरोप तक के क्षेत्र को आक्रान्त कर अपने प्रभुत्व में ले लिया। कठोर सैनिक संगठन एवं इस्लाम के प्रचार के सहारे उन्होंने संख्या में कम होते हुए एक विशाल सेना बना ली। उसने अभूतपूर्व साम्राज्य की नींव रख दी। ज़बरदस्ती विवाह, ग़ुलामी और प्रसिद्धि का लालच उनके विस्तार का आधार बने। बचपन से ईसाई लड़की को छीनकर उन्हें उस तरह शिक्षित किया जाता था कि उन्हें अपना व्यक्तिगत जीवन—पत्नी, परिवार, घर आदि भूल जाना होता था। कद्दावर मुसलमानों की तरह ये लोग जिन्हें 'जैनिसरी' कहते थे, अल्लाह और अपने सुल्तान के नाम पर संहार करते और तुर्क साम्राज्य का विस्तार करते थे। इनका तन्त्र कितना खोखला था यह तब सिद्ध हुआ, जब पन्द्रहवीं शताब्दी के प्रारम्भ में (1402) 'तैमूरलंग' ने इनके शासक 'बायाजिद' को न केवल परास्त किया बल्कि उसे क़ैद भी कर ले गया। एशिया का साम्राज्य छिन्न-भिन्न हो गया। एक उत्कृष्ट मजहब, जिसने विश्व के प्राचीन क़बीले में भाईचारा, समानता एवं त्याग रूपी महान सभ्यता का प्रचार शुरू किया, वह जल्द ही अपने मूलभाव से कोसों दूर चला गया। धार्मिक रूढ़िवादिता एवं कट्टरता ज़बरदस्त तरीक़े से सातवीं सदी के अन्त तक इस्लाम के राजनीतिक एवं धार्मिक निर्णय में भूमिका अदा करने लगे थे।

जब मंगोल आक्रमणकारियों ने 13वीं सदी में इस्लाम के धार्मिक नेता खलीफा को सिंहासन से नीचे खींचकर मरवा डाला और बगदाद को रौंद डाला तो इस्लाम मतावलम्बी एक होकर इस विनाश को रोक नहीं सके थे।

भले ही आम लोग तुर्क, मंगोल, अरब, पठान, हब्शी, पख्तुन, उज़्बेक, मलय को मुसलमान माने, लेकिन इतिहास में उनके विभेद, ऊँच-नीच के भेदभाव एवं ख़ूनी संघर्ष की कहानी दर्ज है। इस्लाम के अलमबरदार बर्बर तुर्क, मंगोलों को अपने मज़हब में शामिल किये लेकिन उनकी बर्बरता, असभ्यता एवं हिंसक रूढ़िवादी प्रवृत्ति को ख़त्म नहीं कर पाये। कालान्तर में ऐसे दोष इस्लाम की पहचान बन गये। यही कारण है कि कुस्तुनतुनिया, जो पहले सौ वर्षों से ज्ञान, दर्शन तथा कला का महान केन्द्र था, इस्लाम में नवदीक्षित तथा बर्बर तुर्कों के लिए उसकी न तो उपयोगिता रही और न ही महत्त्व। लेकिन दूसरी ओर कुस्तुनतुनिया पर पूर्वी तुर्कों का अधिकार हो जाने से यूरोप का पूर्वी देशों को जाने वाला स्थल मार्ग से सम्पर्क ख़त्म हो गया। अत: दक्षिण-पश्चिम यूरोप के लोग नये व्यापार मार्ग विशेषकर जलमार्ग के खोज के लिए प्रयास करने लगे। साथ ही हज़ारों विद्वान, दार्शनिक एवं कलाकार आजीविका की खोज में इटली फ्रांस, जर्मनी, इंग्लैंड आदि देश चले गये। ये जाते हुए हिन्द का ज्ञान-विज्ञान (अरब से) यूनानी ज्ञान एवं नया चिन्तन अपने साथ लेते गये। इन्होंने ईसाई सिद्धान्तों के एकमात्र प्रामाणिक स्रोत तथा संगठित चर्च के निर्णय, परम्पराओं को अस्वीकार करना शुरू किया। मध्यम वर्ग में व्यापार वाणिज्य के प्रति उत्साह, तर्क पर आधारित ज्ञान से सुधार के प्रति एक वातारण बना। और यह यूरोप के लिए एक नयी सुबह का दस्तक बना।

ईसाई मत से भारतीयों का परिचय यूरोप से पूर्व ही हुआ। दो महान सभ्यताएँ एक-दूसरे से मिलीं, लेकिन दोनों का प्रथम परिचय एवं बाद का अनुभव एकदम विपरीत रहा। ईसवी सन् के प्रारम्भ में सीरिया में ईसाई मत का प्रचार होने लगा था। इस काल में यहूदी मतावलम्बियों ने ईसाई मत को मानने वालों पर भीषण अत्याचार किये। इन अत्याचार एवं उत्पीड़न के कारण अनेक ईसाई हिन्दुस्तान में जामोरिन नामक शासक के पास आश्रय के लिए आये। इन्हें केवल आश्रय मिला बल्कि रहने हेतु भू-खण्ड, समान अधिकार का पट्टा मिला। इन्हें एक पृथक् नस्ल के रूप में स्वीकार भी किया गया। भारत ने इन्हें आश्रय दिया, संरक्षण किया। परन्तु ये ईसाई मतावलम्बी मालाबार तट तथा कोरोमण्डल तट (मद्रास के निकट) के पास मइलापुर में धर्म प्रचार का कार्य करने लगे। दलित एवं ग़रीब लोगों को भय, भूख और

मुक्ति का आश्वासन, चमत्कार दिखाकर बड़ी संख्या में मत परिवर्तन करना शुरू किया। इसके लिए प्रचार लोभ लालच का भी उपयोग किया गया। उस भारतीय समाज में व्याप्त सामाजिक कुरीति, अन्धविश्वास ने भी उनके काम को आसान बनाया। इस धर्मप्रचार हेतु उन्होंने सन्त थॉमस (ईसा मसीह के प्रमुख बारह सन्तों में से एक) का भारत आगमन एवं उनके पुनीत कार्य का गुणगान किया। जबकि आर्नल्ड टायबनी (ए स्टडी ऑफ़ हिस्ट्री) में उन्हें भारत आगमन एवं मृत्यु की किंवदन्ती मात्र माना है। भारत में ईसाइयों का धर्मप्रचार ख़ुद उनके आपस के पन्थों में मतभेद के कारण रुक गया। परन्तु पुर्तगीज के भारत आगमन (15वीं सदी के अन्त में) के साथ एक बार फिर से ईसाई मत का प्रचार क्रूर रूप में शुरू हुआ। इनके अत्याचार एवं हृदयविदारक करतूत की कहानी As Hindus' De Goa Republica Portugu में, जिसके लेखक पुर्तगीज सरकार के सुप्रीम कोर्ट के न्यायाधीश Patonio Naronhra, श्री मसूरकर महाराज के लिखित 'गोमान्तकालीन शुद्धिकरण का इतिहास', स्टीफने नील के द्वारा लिखित 'हिस्ट्री ऑफ़ क्रिश्चनिटि इन इंडिया' आदि ग्रन्थों में मिलती है।

हिन्दवासी ऐसे नहीं थे कि इस सभ्यता के आक्रमण का प्रत्युत्तर देने में अक्षम थे। लेकिन ये वीर सवारकर के शब्दों में 'सद्गुण विकृति' के शिकार थे। यह विकृति है—सहिष्णुता, परोपकार, दया, अहिंसा, शरणागतवत्सलता, शत्रु पर उपकार करना, परस्त्री का अपहरण न करना, परधर्मसहिष्णुता, अपनी जान लेने आये शत्रु को भी क्षमा करना। जिस प्रकार ईसाई मत का परिचय भारत के लिए विनाशकारी रहा, उसी प्रकार इस्लाम का भी परिचय कटु ही रहा। इस्लाम का पहला परिचय भारतीयों को सिन्ध प्रदेश में मिला। 640 ईसवी में पहली बार अरबी अनीफा के ओमान स्थित गवर्नर (उस्मान) ने भारत पर आक्रमण किया, जिसे सिन्ध के राजा चाचा ने हराया। परन्तु इस आक्रान्ता विदेशी ने सीमावर्ती मकरनी प्रदेश को जीता एवं बलपूर्वक यहाँ के हिन्दुओं को मुसलमान बनाया। इसके पूर्व भी 636 में अरबी आक्रमण को विफल किया गया था। जब 712 में मुहम्मद बिन कासिम ने प्रथम बार सिन्ध (दाहिर को पराजित कर) पर विजय प्राप्त की तो उसकी रानियों एवं सुकुमार

पुत्रियों को अन्य कुलीन, लड़कियों के साथ दास बनाकर भेज दिया गया। कासिम ने पराजित समस्त गैर-इस्लामी लोगों की हत्या करवायी। उन्हें गुलाम बनाया। ज़बरदस्ती इस्लाम क़बूल करने को बाध्य किया। मन्दिर को तोड़कर मस्जिद बनवायी। ज़िन्दा रहने हेतु जज़िया देने को बाध्य किया गया। हिन्दू नगर एवं धन सम्पत्ति की लूट तो ख़ैर आम बात थी। अनेक भारतीय वीर केसरिया बाना पहनकर रण में मरने तथा वीरांगनाओं ने सतीत्व की रक्षा के लिए जौहर धर्म का रास्ता अपनाया। यह इस्लाम का पहला परिचय था जो मुहम्मद गजनवी, मुहम्मद गोरी, अलाउद्दीन, तुग़लक होते हुए यह परम्परा मुग़ल कालीन बाबर, शेरशाह (अकबर को छोड़कर) शाहजहाँ, जहाँगीर, औरंगज़ेब नादिरशाह तक आगे इतिहास के अनागत काल में प्रवेश करता ही गया। डॉ. रामधारी सिंह दिनकर इस सभ्यता संघर्ष पर लिखते हैं—"लड़ाई और मारकाट के दृश्य तो हिन्दुओं ने बहुत देखे थे, परन्तु उन्हें सपने में भी यह ख़याल न था कि दुनिया में एकाध जाति ऐसी भी हो सकती है जो मूर्तियों को तोड़ने और मन्दिरों को भ्रष्ट करने में ही सुख माने। जब मुस्लिम आक्रमण के साथ मन्दिरों व मूर्तियों पर विपत्ति आयी, हिन्दुओं का हृदय फट गया और वे इस्लाम से तभी से जो भड़के, सो अब तक भड़के हुए हैं।" मुसलमान आक्रान्ताओं की इसी क्रूरता, बर्बरता और धर्मान्धता के कारण हिन्दू सदैव उन्हें 'म्लेच्छ' समझते रहे हैं। प्रायः भारतीय धर्मनिरपेक्ष इतिहासकार एवं चिंतक इन आक्रान्ताओं के आक्रमण के पीछे उद्देश्य को इस्लाम मत का प्रचार एवं मूर्तिपूजा को समाप्त करना नहीं मानते। उनका कहना है कि आक्रमण के पीछे मुख्य उद्देश्य भारत के विख्यात मन्दिरों को लूटकर धन प्राप्त करना था। परन्तु अगर धन कमाना ही मुख्य कारण था तो मन्दिर मूर्तियों को बार-बार तोड़ना उसे अपमानित करना, क्या दर्शाता है? प्रत्येक मुस्लिम शासक ने मथुरा, काशी के हिन्दू मन्दिरों को बार-बार तोड़ा। उदाहरणरूप में प्रभासपाटन (सोमनाथ) का सोमनाथ मन्दिर को लें। इसके बारे में कहा जाता है कि यहाँ का शिवलिंग स्वयंभू है। 1015 ईसवी में इसे महमूद गजनवी ने आक्रमण कर तोड़ा। परन्तु इसके ध्वस्त होने के बाद हिन्दुओं ने इसका पुनर्निर्माण कर दिया। इसके बाद पुनः आक्रमण कर इसे ध्वस्त कर दिया गया। पुनः निर्माण हुआ।

1169 ईसवी में इसे पुनः ध्वस्त किया गया। इस आक्रमण के पश्चात् गुजरात के महाराजाधिराज कुमारपाल ने इस सोमनाथ मन्दिर का निर्माण किया। 1297 में अलाउद्दीन खिलजी के सेनापति अलफ खाँ ने सोमनाथ पर चढ़ाई कर इसे तोड़ा एवं भ्रष्ट किया। 1308-1325 के बीच पुनः चूड़ासमा राजा महीपाल देव एवं उनके पुत्र द्वारा निर्माण कार्य हुआ। 1394 में गुजरात के सूबेदार मुज़फ़्फ़र खाँ ने पुनः सोमनाथ को नष्ट-भ्रष्ट कर डाला। बाद में इन्दौर की महारानी अहिल्याबाई ने पुनः मन्दिर बनवाया। भारतीय सभ्यता ने सदैव सृजनकारी मनोवृत्ति, जिजीविषा का परिचय दिया।

भारतीय सभ्यता का परिचय इस्लाम को दक्षिण में मिला। उत्तर में भी मिला। मुहम्मद गौरी और नजीब या सरीखे आततायी आक्रान्ता को हिन्दू राजाओं ने प्राणदान दिया। बदले में उन्हें प्राणदण्ड मिला। हुमायूँ को अमरकोट के राजा वीर साल ने संरक्षण एवं सहायता दी। काश्मीर में लोहार वंश रिनचर तिब्बती ने शाहमीर को शरण दी। उसने ही 1339 में राजा की पत्नी एवं बेटी को क़ैद कर सत्ता हथिया ली। अलाउद्दीन को हम्मीरदेव ने जीवन दान दिया। वहीं अर्जुन देव द्वारा ख़ुसरो को शरण दी गयी। इसके एवज़ में रूह कम्पा देने वाली मौत को उन्होंने स्वीकार किया। सहारा एवं संरक्षण देने के अनेक उदाहरण हैं। लेकिन बदले में हिन्दुओं को विश्वासघात और विनाश मिला। सोमनाथ का नाश बराबर होता रहा। वहीं गुजरात के चालुक्य वंशी राजा सिद्धराज (1094 के आसपास) के सोमनाथ में ही नयी मस्जिद बनवाई। काल, देश, पात्र के गुणों को ध्यान कर निर्णय के विपरीत इन सबने सद्गुण का ही परिचय दिया। भारत में मुसलिम आये और मालाबार तट पर बस गये। यहाँ उन्हें व्यापार-वाणिज्य, मज़हब की पूर्ण स्वतन्त्रता थी। इन्हें धर्म कार्य एवं धर्म-परिवर्तन तक की छूट थी। दसवीं सदी का अरब यात्री अल-इस्तरवी, जिसे भारत के बारे में व्यक्तिगत जानकारी थी—लिखा है कि राष्ट्रकूट साम्राज्य के अंतर्गत नगरों में मुसलमान रहते थे। वहाँ जामा मस्जिद भी थी। केरल के समुद्री तट पर निवास करने वाली देसी औरतों से इन अरबी व्यापारियों ने शादी-विवाह किया। इन सम्बन्धों के फलस्वरूप उनकी जो सन्तानें हुईं, उन्हें ही मोपिल्ला (मोपला) कहा गया। सोलहवीं सदी तक ये

मोपला मालाबार तट की आबादी में बीस प्रतिशत हो गये। ध्यान रहे कि इन्हीं मोपला ने भारत के स्वतन्त्रता संघर्ष के दौरान भीषण साम्प्रदायिक दंगे किये। लाखों हिन्दुओं का धर्म परिवर्तन किया गया। हमला-हत्या आम बात थी। खिलाफ़त नेता अली मुसलियार के विरुद्ध अंग्रेज़ों की कार्यवाही के कारण बदनाम हिन्दू ज़मीदारों को खमियाज़ा उठाना पड़ा। इस इलाक़े के बहुतेरे हिन्दुओं को परिणामस्वरूप अपने सम्बन्धी की मृत्यु, धन-सम्पत्ति, घर-बार का सर्वनाश जैसे कष्ट झेलने पड़े।

इस्लामी सभ्यता के आक्रमण को हिन्दुस्तान के इतिहास में कालखण्डों में बाँटकर देखना होगा। पहला 712 से 1206, दूसरा 1200 से 1761 तक। इस्लामी आक्रमण के पहले खण्ड में उसे बार-बार हिन्दुओं द्वारा पराक्रमी प्रतिरोध के सामने सिर झुकाना पड़ा। सौराष्ट्र तथा उत्तर में बोलन-खैबर दर्रा (गान्धार प्रान्त) की ओर से उनके आक्रमण का प्रबल प्रतिकार हुआ। दाहिर के पराजय से सीख लेते हुए भारतीय जीवन से अपने में बदलाव लाया। इस काल में उत्तर भारत में गुर्जर-प्रतिहार, गहड़वाल, गुजरात में चालुक्य, काश्मीर में कार्कोट वंश, मालवा के परमार, दिल्ली एवं अजमेर के चौहान वंशी साम्राज्य का उदय हुआ। इन सभी राजवंशों ने इस्लामी आक्रमण को न केवल हराया, वरन् उन्हें तीन सौ वर्ष तक सिन्ध में ही जकड़े रखा। एक बार तो चित्तौड़ के महाबलशाली वाप्पा रावल ने तो सिन्ध पर आक्रमण करके मुसलमानों को इससे भी दूर धकेल दिया। बाद में सुमेर राजपूतों ने सिन्ध पर अपनी प्रभुसत्ता स्थापित की। काबुल घाटी तथा गान्धार प्रदेश में नौवीं सदी के उत्तरार्द्ध में एक हिन्दू शाही वंश शासन कर रहा था। राजतरंगिणी से पता चलता है कि इस शाही वंश का राज्य तुरूक्षों के क्षेत्र (काबुल घाटी) से दरदों के क्षेत्र (कश्मीर किशन गंगा घाटी) तक विस्तृत था। इसी वंश में दसवीं सदी के अन्तिम दशक में जयपाल शासक बना। जिसका साम्राज्य स्वात घाटी तक फैला था। उस समय इसमें पश्चिम पंजाब, उत्तर-पश्चिमी सीमान्त प्रदेश तथा पूर्वी अफगानिस्तान का क्षेत्र सम्मिलित था।

इस्लाम के अभ्युदय के तीन सौ वर्ष में इस्लामी सभ्यता एशिया से अफ्रीका महाद्वीप तथा यूरोप के भीतर तक फैल गया था। वहीं यह इस्लामी

(अरब) आक्रान्ता अपने पुरजोर प्रयास के बावजूद सिन्ध प्रदेश के पास ही सिमटे रहे। असंगठित होने के बावजूद हिन्दू शक्ति ने सफल प्रतिकार किया। भारत में अरब के पराजय एवं सिन्ध से आगे न बढ़ने के इतिहासकार एलफिस्टन ने तीन कारण बताये। प्रथम अरबों का सुमेर राजपूत द्वारा निकाला जाना, हिन्दुओं की अपने धर्म और उसके अनुकूल आचरण में पूर्ण आस्था और हिन्दू राजाओं की पारस्परिक प्रतिस्पर्धा जिसके कारण राज्य वंशों में निरन्तर परिवर्तन होना एवं उनमें से प्रत्येक का अरबों के विरुद्ध होना है। ईसवी सन् 1000 से 1200 तक का कालखण्ड दो सभ्यता हिन्दुत्व एवं इस्लाम के उस संघर्ष का काल है जिसमें उत्तर भारत में अन्ततः इस्लाम अपनी भयानक पैशाचिकता, विजयाकांक्षा, धन-काम लिप्सा और जेहाद के बल पर एक स्थायी सत्ता बना सके। इस कालखण्ड के दौरान भी उन प्रत्येक डगर-डगर, पल-पल पर एक-एक इंच भूखण्ड का मूल्य चुकाना पड़ा। शाहीवंश के जयपाल व उनके वंशज आनन्दपाल, त्रिलोचनपाल तथा भीमपाल ने क़रीब पचास वर्षों तक (977-1026) तुर्कों के आक्रमण का न केवल सामना किया वरन् कई बार उन्हें मर्यान्तक चोट भी पहुँचायी।

कश्मीर में आठवीं सदी के मध्य (724-760) कार्कोट वंश का शासन शुरू हुआ, वह 1339 ईसवी तक (उत्पल वंश, लोहार वंश) के रूप में चलता रहा। इसमें ललितादित्य मुक्तापीड जयापीड विनयादित्य, अनन्तिवर्धन, राजकुमारी दिद्दा जैसे महान शासक हुए, जिन्होंने आक्रमणों के दौर में राजनीतिक स्वतन्त्रता तो कायम रखी इसके साथ ही अनेक सांस्कृतिक एवं लोक कल्याण के कार्य भी किये। मार्तण्डेय मन्दिर, क्षीर, भट, उद्भट जैसे विद्वान लेखक, कल्हण जैसे इतिहासकार इसी काल की रचनात्मकता के परिचायक हैं। तो इस प्रकार 1000 ईसवी एवं उसके बाद के दो सौ साल के गम्भीर संघर्ष के दौरान तक, भारत का सम्पूर्ण भू-भाग में, पश्चिम के एकाध प्रदेश को छोड़ दिया जाये तो हिन्दू संस्कृति का ही वर्चस्व था। सर्वत्र स्वतन्त्रता, सम्पन्नता एवं साहस का प्रदर्शन जारी था। शंकराचार्य, कुमारिलभट्ट, देवलऋषि, मेधातिथि, नाथमुनि, रामानुज, विज्ञानेश्वर जैसे महान दार्शनिक हुए। इस काल में भी भारत सांस्कृतिक रूप से नेतृत्व कर रहा था। नालन्दा, विक्रमशिला, बल्लभी (गुजरात), कांचीपुरम जैसे शैक्षणिक

केन्द्र इसी काल में बने। साहित्य एवं कलात्मक विकास भी एक अभिनव प्रयोग द्वारा नयी ऊँचाई को छू रहा था। गगनचुम्बी एवं विशाल पहाड़ को ही मन्दिर में निर्मित करने, अष्टधातु की मूर्ति (चोल पाल शासक के काल में) बनाने की एक उत्कृष्ट विधा इस काल में ही शुरू हुई। इस काल में नारी की भी अपवाद स्वरूप छोड़कर अच्छी स्थिति थी। मण्डन मिश्र की पत्नी भारती का पाण्डित्य जगत् प्रसिद्ध था। इस काल में कुछ स्त्रियाँ काव्य-शैली के लिए भी प्रसिद्ध थीं। जैसे कि शीलभट्टारिका और गुजरात की देवी नाम की कवयित्री, राजेश्वर की पत्नी अवन्ती सुन्दरी ने प्राकृत कविता में आने वाले देसी शब्दों का एक कोश बनाया। स्त्रियों का राज-राजनीति में भी महती योगदान रहा। कश्मीर में सूर्यमती, रानी सुगन्ध और दिद्दा जैसी रानियाँ हुईं। सातवीं सदी में चालुक्यवंशीय विजयभट्टारिका ने दक्षिण पथ पर शासन किया। उड़ीसा में नौवीं सदी में एक रानी शासिका थी। इसी काल में सामान्य हिन्दू स्त्रियाँ अपनी सतीत्व की रक्षा के लिए पर्दा करने लगीं। इस कालावधि में देवल, मेधातिथि, विज्ञानेश्वर ने (मिताक्षर जो याज्ञवल्क्य स्मृति पर टीका है) अपने दर्शन द्वारा स्त्रियों के सम्पत्ति अधिकार एवं समाज के प्रति दृष्टिकोण बदलने के लिए स्मृति पर टीका लिखी। और एक व्यावहारिक दृष्टिकोण को प्रश्रय दिया।

सांस्कृतिक दृष्टि से इस्लामी (अरबी) सभ्यता ने अपने अभ्युदय से 1206 के काल में राजनीतिक क्षेत्र में जैसा छिटपुट प्रभाव डाला हो, परन्तु अन्य क्षेत्र में बिल्कुल ही अप्रभावी रहा। इस अवधि में हिन्द-अरब व्यापार का सन्तुलन भी भारत के पक्ष में था। इस्लामी सभ्यता ने अपने शुरुआत से ही कला, ज्योतिष, चिकित्साशास्त्र, साहित्य आदि में भारत से प्रेरणा लेना शुरू कर दी थी। जिस समय इस्लाम सीखने योग्य यौवनावस्था में था, उस समय उसे यूनान ने नहीं, बल्कि भारत ने सिखाया। भारत ने उसके दर्शन और आध्यात्मिक तथा धार्मिक आदर्शों का निर्माण किया। उसको साहित्य एवं स्थापत्य कला की विशिष्ट प्रेरणा दी।'

खलीफा अन-मंसूर के समय में संस्कृत के 'ब्रह्म सिद्धान्त' तथा 'खण्ड-खाद्यक' नामक ग्रन्थों का अरबी अनुवाद किया। तप एवं संन्यास की

विचारधारा को अरबों ने भारत से प्राप्त किया। खलीफा हारून-अल-रशीद की बीमारी को एक भारतीय वैद्य ने ठीक किया। निकल्सन की मान्यता है कि सूफ़ी धर्म के अनेक सिद्धान्त—जैसे, सूफ़ियों का सन्तवाद, माला धारण करने का ढंग, फना (निर्वाण) का सिद्धान्त और उसे प्राप्त करने की विभिन्न अवस्थाओं (मुकामात) सम्बन्धी विश्वास, भारतीय दर्शन और विश्वास, विशेषत: बौद्ध विश्वासों से प्रभावित थे। अलबरूनी के अनुसार अरबों द्वारा प्रयुक्त संख्याओं के चिह्न हिन्दू चिह्नों के सर्वसुन्दर स्वरूपों से निकले हैं। इस प्रकार एक ओर जहाँ 1206 के पूर्व इस्लामी (अरब एवं तुर्की) आक्रान्ता भारत में धर्म परिवर्तन, कट्टरता, जेहाद एवं बर्बर-अनैतिक विचार की सौगात दे रहे थे, वहीं भारत ने इस्लामी सभ्यता को ज्ञान-विज्ञान का विचार-आलोक दिया।

कुतुबद्दीन ऐबक ने 1206 ईसवी में दिल्ली को विजित कर वहाँ सत्ता स्थापित की। इस समय से (महाभारत कालीन युधिष्ठिर का इन्द्रप्रस्थ) हिन्दू सत्ता यहाँ से ख़त्म हुई। एकाध अपवाद के बावजूद यह दिल्ली तब से तुर्कों के क़ब्ज़े में 18वीं सदी के मध्य तक रही। जब उत्तर भारत के एक भूखण्ड पर तुर्कों ने सल्तनतकालीन साम्राज्य की नींव रखी, उस समय भी पूरा दक्षिण भारत, पूर्वोत्तर एवं उड़ीसा क्षेत्र तुर्क साम्राज्य से बाहर थे। इस समय दुनिया की एकमात्र महान सभ्यता चीन पर चंगेज़ खाँ के वंशज कुबलई खाँ का शासन था। प्रसंगवश, इसने ही चीन की राजधानी पेकिंग बनायी, इसके शासनाधीन आज का मंगोलिया, चीन, तिब्बत एवं तुर्किस्तान था। ध्यान रहे (1259-1368 कुबलई खाँ द्वारा चलाया युआन वंश) 13वीं सदी के अन्त में ही अलाउद्दीन खिलजी तथा 14वीं सदी के आरम्भिक दो दशकों में तुग़लक वंशी शासक दक्षिण के समूचे प्रायद्वीप को जीतने का असफल प्रयास कर रहे थे। उसी समय विजयनगर, उड़ीसा में गजपति साम्राज्य तथा पूर्वोत्तर भाग (आज के सात बहनों के नाम से प्रसिद्ध क्षेत्र जिसमें असम प्रमुख है) में अहोम साम्राज्य ने इस्लामी सत्ता को प्रबल चुनौती दी। यह परम्परा 15वीं सदी के अन्त तक चलती रही। लेकिन तब तक 17वीं सदी में मराठा, सिक्ख, राजपूत रणबांकुरे नये स्वतन्त्रता के लिए लालायित हो रहे थे। इसमें असम, बुन्देलखण्ड जैसे क्षेत्रों के शासकों ने भी अपनी-अपनी शक्ति के अनुसार युद्ध

में भागीदारी की। समूचे भारत की बात तो बहुत दूर है, तीन चौथाई क्षेत्र को भी एकाध अपवाद को छोड़कर इस्लाम मत के शासक अपने अधीन नहीं रख सके। इसका सुख एवं उपभोग का प्रश्न ही कहाँ उठता है?

इतिहास में दक्षिण के राजनीतिक, सांस्कृतिक एवं कलात्मक योगदान को स्वीकारा जाता है, लेकिन उत्तर भारत के योगदान को स्वीकारा नहीं जाता। प्राय: यह तर्क दिया जाता है कि 8वीं से 16वीं सदी तक उत्तर भारत के शासक सामन्तवादी, जाति-विशेष के पोषक एवं स्वार्थी थे। इन्होंने कोई ख़ास रचनात्मक योगदान नहीं दिया। ऐसे विचार साम्राज्यवादी मनोवृत्ति का परिचायक है, जिसने आर्य-द्रविड़, सभ्यता में बँटी भारत में कम्पोजिट संस्कृति की बात की।

भारत राष्ट्र के इतिहास का यथार्थ यह है कि जिसे जब जो कार्य मिला, किया। चाहे वह युद्ध का हो, सांस्कृतिक विकास का हो। दोनों का बराबर रहता है। न तो हम अपनी स्वतन्त्रता को खोकर सांस्कृतिक विकास कर सकते हैं और न ही सतत युद्ध से ही राष्ट्रीय जीवन का भला होगा। भारतीयों में सांस्कृतिक एवं राजनीतिक स्वतन्त्र दोनों को यथेष्ट महत्त्व दिया। किसी एक पर ज़ोर कभी नहीं रहा। कहीं विनाश (युद्ध) चल रहा था, तो कहीं सृजन भी हो रहा था। मध्यकाल इसका उदाहरण है। 18वीं सदी में आध्यात्मिक शक्ति के प्रस्फुटन के बाद राजनीतिक स्वतन्त्रता एवं सांस्कृतिक विकास का कार्य भी चला। भले अस्तित्व रक्षा के काल में इसकी गति धीमी रही। जब समुद्र के रास्ते यूरोप भारत में अपना उपनिवेश स्थापित किया, तो दक्षिण में उन्हें संघर्ष से दो-चार होना पड़ा। बाद में उत्तर भारत ने राष्ट्रीय पुनर्जागरण, पहले स्वतन्त्रता संग्राम के बिगुल से राष्ट्रवाद को फिर से चैतन्य किया, जाग्रत किया। मध्यकाल में सांस्कृतिक विकास का जो कार्य दक्षिण भारत में किया, वही 19वीं सदी में उत्तर भारत कर रहा था। अत: विचार कभी भी खण्ड के आधार पर नहीं समग्रता के आधार पर होना चाहिए।

"स्पष्ट है कि दक्षिण की इस प्रदीर्घ राजनीतिक स्वतन्त्रता व साम्राज्य के उज्ज्वल श्रेय में उत्तर भारत के राष्ट्रवीरों का बहुत बड़ा हाथ रहा। उन्होंने छह-सात सौ वर्षों तक मुसलमानों के साथ अनवरत युद्ध जारी रखा। फलस्वरूप अरब, पठान, तुर्क, मंगोल क़रीब-क़रीब सारे एशिया के अनेक जातियों के

लाखों लुटेरे बहुत वर्षों तक उत्तर में ही उलझे रहे। इन उत्तर भारतीय लाखों हिन्दू धर्मवीरों ने हिन्दू धर्म के रक्षार्थ अग्नि की धधकती ज्वालाओं, नदियों के प्रवाहों और शत्रु द्वारा किये गये सामूहिक वध में अपने प्राण न्योछावर कर दिये। पर अपनी श्रद्धा के अनुसार कभी हिन्दूधर्म नहीं त्यागा। सचमुच उनके पराक्रमों का दक्षिण की इस प्रदीर्घ राजनीतिक स्वतन्त्रता और साम्राज्य के बनाये रखने में बहुत बड़ा हिस्सा है। अखिल हिन्दू राष्ट्र पर उत्तर की हिन्दू-पीढ़ियों द्वारा किये गये ये उपकार कभी चुकाये नहीं जा सकते।"

समग्र राष्ट्र की विकास यात्रा में एक खण्ड को दूसरे खण्ड से अलग कर उसकी व्याख्या नहीं करनी चाहिए, क्योंकि खण्ड (उत्तर-दक्षिण, पूर्व-पश्चिम) की हार का मतलब राष्ट्र की हार नहीं है। और भारत में जहाँ राजनीतिक सत्ता अनेक हिन्दू राजाओं के हाथ में थी, यह बात और भी सही है। ये सारे आक्रमणकारी इस बात को समझते थे कि एक युद्ध में हिन्दुओं को हरा देने से हिन्दुस्तान एवं हिन्दुओं का भाग्य विधाता नहीं बन सकते। यहाँ की स्थिति अन्य देशों से भिन्न थी जहाँ एक केन्द्रीय सत्ता को परास्त करने से समूचा राष्ट्रीय जीवन भी परास्त हो जाता था। राष्ट्र की सभ्यता, मज़हब, संस्कार में बदलाव आ जाता था। हालाँकि कुछ अपवाद भी थे। इस्लाम रूपी बर्बर एवं विस्तारवादी विचारधारा जब ईरान, मिस्त्र, स्पेन, अफ़ग़ानिस्तान, मलाया प्रायद्वीप पहुँची, तो इसने अपने मज़हब, विचार, संस्कार, सभ्यता सब कुछ स्वीकारने पर मजबूर कर दिया। भारत प्रबल विरोध एवं प्रतिकार कर पाया, तो वह राष्ट्रीय चेतना ही आधार बना जो राजसत्ता से संचालित नहीं होता। वरन् धर्म, अध्यात्म रूपी सत्ता से प्रेरणा पाकर चैतन्य और प्राणवान होता था। इस इस्लाम से सैकड़ों साल के संघर्षों में अनेक सत्ता केन्द्र भारतीय जीवन के लिए वरदान ही सिद्ध हुए।

दूसरा कारण जिसने भारतीय जीवन में सुरक्षात्मक कवच का काम किया वह था हिन्दू विचारकों, मनीषियों द्वारा स्थिति से मुक़ाबला करने के लिए दिया साधन। भारतीय इतिहास में हिन्दुओं की दो विशेषता रही है, एक सतत संघर्ष, जब तक पूर्ण विजय न हो। दूसरा सम्बन्ध, समन्वय एवं आत्मसातीकरण की परम्परा। इसी विशेषता के कारण ही अपने संघर्षकाल में हमने यवन, शक, हूण, म्लेच्छों को न केवल बल्कि उन्हें वैदिक सभ्यता का, बल्कि धर्म,

संस्कृति, भाषा आदि की दीक्षा देकर हिन्दू जीवन में एक रस कर लिया। भारत ने इस्लाम से आक्रमण में पहली विशेषता को हज़ार वर्ष तक के संघर्ष एवं विजय के रूप में सही सिद्ध किया। दूसरी विशेषता में पूर्णतः सफलता तो नहीं मिली। उनका आर्यकरण तो नहीं हुआ, परन्तु भारतीय मुसलमान के भाषा, जीवन, रीति-रिवाज़, कला-साहित्य सब पर हिन्दू जीवन का महती प्रभाव पड़ा। यह 1206 से 16 वीं सदी के विचार, चिन्तन, अध्यात्म के अभ्युदय के बाद ही सम्भव हुआ। ईबी हैवेल तथा प्रो. शर्मा का मत है कि, "अपनी राजनीति दुर्बलता के बाद भी मध्ययुगीन भारत सांस्कृतिक दृष्टि से चैतन्य था। वह उस वृक्ष के समान था जो उस व्यक्ति को भी छाया देता है जो उसकी शाखाएँ काट डालता है। राजनीतिक पराजय (पूर्णतः कभी नहीं) के बाद भी भारत में अपना बौद्धिक साम्राज्य जो उसे सर्वाधिक प्रिय था, बनाये रखा।" अपने आध्यात्मिक अभ्युदय को भारत ने सल्तनत काल में एक शक्ति के रूप में संगठित किया। जिसका प्रस्फुटन (मुग़लकालीन राजव्यवस्था में 16वीं सदी से) जीवन के विभिन्न क्षेत्रों में हुआ। रामानुज, निम्बकाचार्य, माधव, रामानन्द, कबीर, नानक, तुलसी, रैदास, ज्ञानदेव, पंपा, नामदेव, तुकाराम, मीराबाई, चैतन्य महाप्रभु, वसवा ने ऐसा वातावरण बनाया कि जन-जन में यह भाव पैदा हो गया कि निम्न से निम्न हिन्दू भी श्रेष्ठ आत्मा है। स्वामी रामानन्द ने कहा, 'जाति-पांति पूछे नहीं कोई, हरि को भजे से हरि का होई।' इन महान ऋषियों द्वारा किये गये धर्म और कर्म से राष्ट्र कृत्कृत्य हो गया। हिन्दू धर्म ने अपने में व्यापक सुधार किया। अब हिन्दू समाज एवं हिन्दुस्तान का इस्लामीकरण असम्भव हो गया। अपने प्रथम कार्य के पश्चात् दूसरा कार्य समन्वय एवं सतत् प्रभाव का शुरू हुआ। यह कार्य इसलिए सम्भव हो पाया क्योंकि मुसलमानों द्वारा राजनीतिक विजय का परिणाम मानसिक, धार्मिक, बौद्धिक, नैतिक, आध्यात्मिक विजय का रूप धारण नहीं कर सका। साथ ही हिन्दू जनता का जीवन सदैव अपने पूर्ववत् चलता रहा। समय आने पर सामूहिक शक्ति का प्रस्फुटन किया।

भारत में आध्यात्मिक चेतना के प्रस्फुटन के पीछे तुर्की शासन के लगभग साढ़े तीन सौ वर्ष का अन्धयुग मुख्य कारण रहा। इस काल में तुर्की शासन के दमन का दौर निरन्तर चलता रहा। युद्ध के समय हिन्दुओं का सामूहिक

नरसंहार तो हुआ ही, धर्मपरिवर्तन भी हुआ। और जो इसके लिए तैयार नहीं थे उन्हें दास बनाकर बेच दिया गया। तैमूरलंग ने दिल्ली प्रवेश करने से पूर्व एक लाख हिन्दू बन्दियों की हत्या करवा दी। यह क्रूरता की इन्तहा थी। इतिहासकार बरनी के अनुसार, 'अलाउद्दीन (जिसे एक धर्मनिरपेक्ष शासक कहा जाता है?) के समय में हिन्दुओं को उपज का पचास प्रतिशत भाग खिराज के रूप में देना पड़ता (जज़िया तो ख़ैर था ही) था। इतना अधिक खिराज देने के पश्चात् उनके परिवार के भरण-पोषण के लिए पर्याप्त अनाज नहीं बच पाता था। परन्तु सुल्तान इतने से भी सन्तुष्ट नहीं था। उसने हिन्दुओं पर चरागाह, मकान एवं पशुकर और लाद दिये थे। सच तो यह है कि अत्यधिक करों के भुगतान के कारण हिन्दू वर्ग की स्थिति नितान्त दयनीय हो गयी थी।" पश्चिमी इतिहासकार लेनपूल मध्यकालीन इतिहासकार बरनी का समर्थन करते हुए कहते हैं, "हिन्दुओं की स्थिति राज्य में इतनी शोचनीय हो गयी थी कि वे न शास्त्र रख सकते थे और न अच्छे वस्त्र पहन सकते थे और न ही जीवन की विलासिताओं का उपभोग कर सकते थे।"

इस विनाशकारी सामाजिक स्थिति में जिजीविषा, पुरुषार्थ एवं अदम्य शौर्य को पुनः जाग्रत करने के लिए ही आध्यात्मिक आह्वान किया गया। विद्यारण्य ने विजयनगर साम्राज्य की नींव रखी, तो सायणाचार्य वेद-वैदिक वाडमय की रचना के लिए कर्मरत हुए। नाथ पन्थी के संस्थापक गोरखनाथ ने बाघा रावल से सिसोदिया वंश की नींव रखवायी तथा सांस्कृतिक रक्षा हेतु प्रण करवाया। शिवाजी एवं मराठा साम्राज्य के अभ्युदय एवं 'हिन्द स्वराज' की कल्पना के पीछे समर्थ गुरुरामदास की आध्यात्मिक सत्ता ही काम कर रही थी। सिख पथ का राष्ट्र रक्षा हेतु महान कार्य तथा गुरु अर्जुनदेव, तेगबहादुर, गुरु गोविन्द सिंह, बन्दा वैरागी जैसों के महान आत्मोत्सर्ग ने ही राजनीतिक स्वतन्त्रता की लौ को कभी बुझने ही नहीं दिया। इस्लाम से संघर्ष के इस निर्णायक दौर में हिन्दुत्व की विजय हुई। परन्तु तत्काल ही वह उपनिवेशवादी चंगुल में फँस गया।

जब आध्यात्मिक शक्ति का प्रस्फुटन हुआ तो एक बार फिर भारत ने 16वीं सदी से 18वीं सदी तक (अंग्रेज़ी उपनिवेशवाद के पूर्व) आर्थिक, सामाजिक सांस्कृतिक क्षेत्र में यशस्वी योगदान किया। इतना ही नहीं समन्वय

के पश्चात् आत्मसातीकरण की प्रक्रिया में भारतीयता उभरकर सामने आने लगी। भारत में हिन्दू धर्मावलम्बियों को इस्लाम की ओर आकृष्ट करने के लिए इस्लाम की भारतीय सूफी परम्परा ने हिन्दू रीति-रिवाज़ों को ही नहीं अपनाया वरन् हिन्दू भाषा का भी सहारा लिया। भारतीय मत के अनुसार वे अहिंसा में विश्वास करते थे। उपवास रखना, हठयोग, प्राणायाम, इष्टदेव की कल्पना, कमण्डल रखना, आगन्तुकों को जल देना, कन्द-फल खाना आदि प्रथाओं की प्रेरणा हिन्दू धर्म ही था। इनके सादा जीवन उच्च विचार के सिद्धान्त ने एक नया वातावरण तैयार किया।

सूफ़ी द्वारा किये गये प्रयासों की झलक अकबर में मिलती है। इसमें कतिपय दोष के बावजूद उदार नीति से हिन्दुओं के उत्कर्ष में सहायता मिली। इसका हिन्दू पोशाक पहनना, तिलक लगाना, तुलादान देना, आग प्रज्वलित रखना जैसे भारतीय धार्मिक कृत्य को अपनाया। सूर्य की उपासना, दीन-ए-इलाही द्वारा सत्यान्वेषण की प्रवृत्ति भारतीयता के प्रभाव को ही दर्शाती है। इसके द्वारा किये प्रयास को दाराशिकोह द्वारा आगे बढ़ाया गया। उसने उपनिषद् का फ़ारसी में अनुवाद करवाया। साधु-महर्षि से दर्शन पर बात की। समाज में धार्मिक कट्टरता को कम करने का प्रयास किया। ऐसी ही सहिष्णुता एवं उदार नीति कश्मीर के सुल्तान जैनुल आबिदीन (1420-1470) ने भी अपनायी। यद्यपि राजनीतिक मोर्चे पर अन्ततः हिन्दुत्व को सफलता मिली। हिन्दू विचारधारा ने (1713-1818) एक सौ वर्षों तक भारतीय राजनीति को दिशा-निर्देशित किया। परन्तु यह धार्मिक मोर्चे पर शक हूणादि की तरह सफलता प्राप्त नहीं कर सका। भारतीय जीवन इस्लामी सामाजिक-सांस्कृतिक क्षेत्रों में प्रभाव डालने के बावजूद इस्लामी सभ्यता को भारतीय परम्परा में नहीं ढाल सका। इन्हें पूर्ण रूप से पचाया नहीं जा सका। इसका मुख्य कारण हिन्दू सहिष्णुता एवं इस्लामी उग्र धर्मान्धिता रही। बाद के मुस्लिम शासकों ने भारतीय जीवन पद्धति एवं विचार को अपनाया जैसे कि अकबर, दाराशिकोह के संदर्भ में देखते हैं। परन्तु यह प्रयोग स्थायी नहीं हो सका। धर्मान्धिता की चली आंधी ने इस अभिनव शीतल-मधुर प्रयास को उखाड़ फेंका। डॉ. रामधारी सिंह दिनकर दाराशिकोह के काल को इसी रूप में देखते हैं—जिस दिन दाराशिकोह मारा गया और औरंगज़ेब गद्दीनशीन हुआ, सामाजिक संस्कृति का कलेजा,

असल में उसी रोज़ फटा। यद्यपि संस्कृति की चोट को बार-बार सीने की कोशिश चलती रही। धर्मान्धता एवं कट्टरता को कम करने का प्रयास राष्ट्रीय आध्यात्मिक चेतना द्वारा किया गया। इसमें सफलता नहीं मिली। इसके बाद आध्यात्मिक शक्ति ने मराठा, सिक्ख, राजपूत जैसे राजशक्ति के अभ्युदय का आधार तैयार किया, जिसने निर्णयक रूप से ही इस्लामी सत्ता को राष्ट्र के केन्द्र से हाशिये पर ठेल दिया। जितनी भी आध्यात्मिक चेतना रूपी ऋषि सत्ता का प्रादुर्भाव इस काल में हुआ सबने कई क्षेत्रों में काम किया। एक साथ धार्मिक-सामाजिक बुराई को दूर कर सभी के लिए उसे स्वीकार्य बनाया। धर्म-साहित्य की रचना की। काव्य और संगीत को प्रश्रय दिया। इसके साथ ही बुराई, अधर्म के राक्षस से लड़ने के लिए एक राजनीतिक व्यवस्था का निर्माण किया। समर्थ गुरु रामदास ने जब देखा कि साहित्य-भजन की रचना से, धर्म प्रवचनों से ही समाज का काम नहीं चलने वाला, सुशासन की स्थापना भी आवश्यक है तो इसके लिए उन्होंने महती कार्य किया। उनके कार्य के परिणामस्वरूप देश में कई राजनीति शक्ति के केन्द्र उभरे। इसमें दुर्गादास राठौर, सूरजमाल, जयसिंह जैसे राजपूत राष्ट्रवीरों ने महती योगदान देकर लक्ष्य को आसान बना दिया।

इन राष्ट्रवीरों में शिवाजी जैसे अपने प्रधान शिष्य को इस मार्ग पर अग्रसर किया। केवल अग्रसर ही नहीं किया, वरन् 700 महावीर देवालयों (रणनीति के तहत बजरंगबली का मन्दिर स्थापित किये) के माध्यम से आवश्यक रसद, पैसा तथा सैनिक जुटाने की भी व्यवस्था की थी। शिवाजी उसी सहयोग के बल पर स्वतन्त्रता के लिए अपनी ऐतिहासिक भूमिका रख सके। यह रामदास के समाज व्यवस्था का ही परिणाम और उनकी सफल प्रशासन की देन थी कि शंभाजी के आगरा में क़ैद के दौरान (1687-1707) बीस वर्षों में नेतृत्वविहीन मराठों ने न केवल व्यवस्था बनाये रखी, वरन् स्वतन्त्रता संग्राम भी जारी रखा।

गुरु नानक देवजी द्वारा शुरू हुआ पन्थ भी बाद में स्वाधीनता के सैनिकों में ही बदल गया। उसने एक हाथ में माला और एक हाथ में भाला का आदर्श प्रस्तुत करते हुए बता दिया कि राजतन्त्र और धर्मतन्त्र को विपरीत दिशाओं में चलने नहीं दिया जायेगा। वरन् उसके क़दम एक दिशा में ही उठे इसके लिए हर कीमत चुकायी जायेगी।

मध्य भारत की आध्यात्मिक शक्ति प्राणनाथ ने संस्कृति एवं धार्मिक सहिष्णुता के लिए बहुत प्रयास किये। जब उनके समझाने का कोई परिणाम नहीं निकला, तो उन्होंने राजशक्ति को आगे किया। अपनी आध्यात्मिक शक्ति से एक महान रणबाँकुरे छत्रसाल को सामने कर दिया और तब समूचा भारत स्वाधीनता के उद्घोष से गूँज उठा। पण्डित जवाहरलाल नेहरू ने इस समूची स्थिति का विश्लेषण अपनी पुस्तक 'डिस्कवरी ऑफ़ इंडिया' में किया है, "विदेशी मुस्लिम आक्रान्ताओं और हिन्दुओं के बीच लम्बे काल तक चलने वाले संघर्ष के साथ-साथ मुसलमानों के भारतीयकरण और राष्ट्रीय जीवनधारा में आने का क्रम भी चलता रहा। अकबर हिन्दुओं द्वारा विदेशियों को आत्मसात् करने की प्राचीन परम्परा का एक नमूना बन गया, क्योंकि उसने अपने आपको हिन्दुस्तान के साथ एकरूप कर लिया। कदाचित इसी कारण हिन्दुओं ने भी अपनाया और उसे सहयोग दिया। जब तक उसके उत्तराधिकारियों ने उसकी नीति और भारतीयकरण के क्रम को जारी रखा तब तक मुग़ल साम्राज्य फलता-फूलता रहा। परन्तु जब उन्होंने उससे मुँह मोड़ लिया तब उनका साम्राज्य ध्वस्त हो गया। देश में नये राष्ट्रीय आन्दोलन शुरू हुए। वे इतने प्रबल तो नहीं थे कि स्थायी रूप ले सकते परन्तु उन्होंने मुग़ल साम्राज्य को तो ख़त्म कर ही दिया।"

इस पूरे एक हज़ार वर्ष (800-1700) में भारतीय राजाओं ने विदेशी आक्रमण से प्रतिरक्षा, प्रतिकार के साथ ही साहित्य, कला, संगीत, चित्रकला आदि में भी विशेष रुचि ली। इस दौरान मुस्लिम शासक एवं समाज पर संस्कृति की इन विधाओं का विशेष प्रभाव पड़ा। 1000 ईसवी के बाद के कालखण्डों में जब सतत संघर्ष का काल चल रहा था, तब भी समूचे भारत में विभिन्न राजाओं-साम्राज्यों द्वारा सांस्कृतिक कार्य किये जा रहे थे। इसमें खजुराहो, उड़ीसा, गुजरात, राजपूताना, चोल, विजयनगर के राजवंशों द्वारा मन्दिर, महल, क़िले आदि स्थापत्य के क्षेत्र में आते हैं। स्थापत्य में एक विशिष्ट बेसर-शैली भी संघर्ष के दौरान ही उभरी। चित्तौड़, मांडू, ग्वालियर, उदयपुर, जयपुर की स्थापत्य कला तथा मन्दिर तो समस्त भारत में फैले हुए हैं। विग्रहराज चौहान, भोज परमार, कृष्णदेवराय, राजा कुम्भा, अमोघवर्ष

आदि शासक राष्ट्र रक्षा के साथ साहित्य कला में भी व्यक्तिगत योगदान दे रहे थे। अनेक शासक साहित्य सृजन कर रहे थे। राजा कुम्भा, ग्वालियर के राजा मानसिंह जैसे शासक संगीत की विधा को अपने व्यक्तिगत प्रयास से दृढ़ कर रहे थे।

इस संघर्ष के काल में उत्तर में उड़ीसा के कोणार्क में महान सूर्य मन्दिर, जगन्नाथ मन्दिर, पंजाब में स्वर्ण मन्दिर, राजस्थान में छिन्दवाड़ा जैन मन्दिर, मध्य प्रदेश में खजुराहो, धार, माण्डु में अनेकानेक सांस्कृतिक धरोहर भारतीय जीवन की सनातनता एवं समूह परम्परा के साक्षी हैं। दक्षिण में चोल, राष्ट्रकूट, विजयनगर, पल्लव, पाण्ड्य के काल की अप्रतिम एवं अनुपम कृति आज भी उन महान सम्राट एवं शिल्पी के प्रति नतमस्तक होने पर मजबूर कर देते हैं। तंजौर के राज राजेश्वर मन्दिर, गंगईकोण्ड चौलपुरम् का चोलेश्वर का शिव मन्दिर, मीनाक्षी मन्दिर (मदुरै), कृष्णदेवराय द्वारा निर्मित हज़ारनामा मन्दिर श्रवणबेलगोला, गोमटेश्वर तीर्थंकर की मूर्ति आदि भारतीय मन्दिर की वास्तुकला के अद्वितीय नमूने हैं।

इसी प्रकार जब हिन्दू जनमानस ने मन्दिर मूर्ति पर आक्रमण को देखा तो गुफा में मन्दिर निर्माण शुरू किया। पहाड़ को ही मन्दिर में बदला जाने लगा। चित्रकला की शैली भित्तिचित्र, पहाड़ चित्रकला का विकास हुआ। एलोरा का कैलाश मन्दिर, एलिफेंटा की गुफा का विकास हुआ। राजपूत वीर स्वतन्त्रता संग्राम के दौरान जब युद्ध-मृत्यु से पल-पल सामना कर रहे थे, तब भी अध्यात्म एवं प्रेम की भारतीय परम्परा नहीं छोड़ी। राजपूतों में इस संघर्ष कला में भी संस्कृति, स्थापत्य एवं कला की समृद्ध विरासत को सँजोया एवं संवृद्धि की। इन्होंने अपनी कलात्मक मनोवृत्ति को चित्रकला में पूर्ण रूप से प्रकट किया। राजपूत चित्रकला की विभिन्न शैलियों का विकास हुआ जैसे मेवाड़ शैली, बूंदी शैली, कोटा शैली, आमेर-जयपुर शैली, जोधपुर शैली बीकानेरी शैली, किशनगढ़ शैली तथा पहाड़ी लघु चित्रकला की दो शैलियाँ बसौली और कांगड़ा। राजपूतों की चित्रकला में आध्यात्मिकता, अलंकरण के सूक्ष्म अंगों का चित्रण मिलता है। महाराणा प्रताप (1572-1584) जो अकबर के सामने स्वाभिमान एवं दृढ़ संकल्प की प्रतिमूर्ति बने रहे, कला के प्रति अपनी

अभिरुचि को भी प्रकट किया था। चित्तौड़ त्याग कर छावन्द की पहाड़ियों में जब वह रहने लगे, कलाकारों एवं शिल्पकारों की मदद से विलक्षण कृति रागमाला को छावन्द में चित्रित करवाया था।

इस अस्तित्व रक्षा के संघर्षकाल में अवनति के कुछेक लक्षण सामाजिक-आर्थिक क्षेत्र में दिखे। जातिप्रथा में कट्टरता, पर्दा प्रथा, बाल विवाह, रोटीबन्दी, युद्धबन्दी जैसी कुरीतियों के पीछे मुसलमानों का आक्रमण एवं अत्याचार तथा दूरदर्शी सुधारकों की कमी रही। सायणा-विधारण्य समर्थ रामदास, गोरखनाथ और प्राणनाथ जैसे बहुआयामी व्यक्तित्व ने हालाँकि समाज को गतिशील और राजव्यवस्था को दिशा देने का भरपूर प्रयास किया। सामाजिक और आर्थिक क्षेत्र की कमी को भारत ने सतत सुधार के कार्य एवं अन्य क्षेत्र संगीत, साहित्य कला में योगदान द्वारा भरपाई करने का प्रयास किया। राजनीतिक क्षेत्र में सदैव संघर्ष तो चल ही रहा था। साहित्य, संगीत एवं कला के क्षेत्र में समन्वय एवं संश्लेषण चला। इसका परिणाम ख़ुसरो, फरीद, रहीम, जायसी, रसखान, कवयित्री ताज की रचनाओं में देखने को मिलता है। रसखान जो तुलसीदास के अभिन्न मित्र थे, हिन्दी के प्रसिद्ध कवि भी थे। ये कृष्ण भक्त थे। इनकी प्रमुख रचनाएँ 'प्रेमवाटिका' तथा 'सुजान रसखान' हैं। इन्होंने वृन्दावन में कृष्ण-लीला का सजीव वर्णन किया है। विख्यात चिन्तक विद्यानिवास मिश्र ने अकबर-रहीम की तुलना करते हुए कहा है कि—संघर्ष से जितना हुआ है सब मिटेगा और स्वभाव से जो हुआ है वह रहेगा। रहीम के दो-तीन दोहे बराबर रख लें, तुलसी के दोहे के बराबर और किसी को बतायें नहीं कि रहीम का है कि तुलसी का है, कोई अन्तर नहीं हैं। जब हम यह कहते हैं कि 'बाढ़े के तुम भीत हो, गाढ़े के रघुवीर।' तुम सब तो केवल सुख में, सफलता में मित्र हो, दुःख में तो केवल रघुवीर मित्र हैं। क्या अन्तर है? अतएव रहीम रहेंगे, अकबर नहीं रहेंगे।"

18वीं सदी में भारत विभिन्न प्राकृतिक विपदाओं के बावजूद, आर्थिक क्षेत्र में सम्पन्नता को प्रकट कर रहा था। इसी दौरान तब यूरोप के नवोदित राष्ट्रों ने गोल्ड (सोना अर्थात धन), ग्लोरी (कीर्ति) तथा गॉड (ईश्वर) के लक्ष्य को लेकर निकले। व्यापार से उपनिवेशकीकरण तत्पश्चात् साम्राज्यवाद

की ओर अग्रसर इन यूरोपीय राष्ट्रों ने दुनिया में दूरगामी प्रभाव डाला। सोना अर्थात धन की असीमित भूख ने विभिन्न देशों को कंगाल एवं दरिद्र बना दिया। ईसाई धर्म का प्रचार-प्रसार पूरे दुनिया में किया। राष्ट्रों के जीवन को यथासम्भव बदला। साम्राज्यवाद के चरण में जब यूरोपीय विचार को भारतीय जीवन के आर्थिक, सामाजिक, राजनीतिक एवं सांस्कृतिक क्षेत्रों में उतारा तो कहा गया कि यह आधुनिकता का दस्तक है जो यूरोप के माध्यम से हुआ है। इसने उसकी कीर्ति में बढ़ोतरी की। 18वीं सदी में उपनिवेशवाद से शुरू हुआ युग एक नये आक्रमण का सन्देश था, जिससे सभी राष्ट्रों को लड़ना था। यह काल भी ग़ुलामी और आक्रमण से सुरक्षा एवं संघर्ष का काल था। चूँकि यहाँ भी हिन्दू के साथ मुसलमान भी इस पददलन एवं प्रताड़न के शिकार थे। अतः उन्होंने भी इस नये दुश्मन से संघर्ष में योगदान दिया। और इसके लिए भारतीयों ने अपने विशाल राष्ट्रीय जन को जाग्रत किया तथा पुनर्जागरण एवं आधुनिकता के दर्शन के साथ नये संघर्ष की तैयारी शुरू की।

मध्यकालीन भारत में ध्वज

वैसे तो भारत में गुलामी से पूर्व और आज़ादी के बाद ध्वज का इतिहास अलग-अलग काल खण्ड में भिन्न-भिन्न रहा। सल्तनत काल, साम्राज्य काल, ब्रिटिश काल और स्वतन्त्र भारत में ध्वज में बदलाव का दौर जारी रहा। आज हम कुछ ऐसे ही ध्वजों की कहानी लेकर आये हैं जो लोगों के बीच सम्मान और ऊर्जा का प्रतीक रहे।

दिल्ली सल्तनत काल

भारत में ध्वज का इतिहास तो काफ़ी पुराना है पर हम शुरुआत करते हैं सल्तनत काल से। दिल्ली सल्तनत वर्ष 1210 से 1526 तक भारत पर शासन करने वाले पाँच वंश के सुल्तानों के शासनकाल को कहा जाता है। जिनका ध्वज केन्द्र की बायीं ओर एक काली पट्टी के साथ एक गहरे हरे रंग का है।

विजय नगर साम्राज्य

विजयनगर साम्राज्य (1336-1646) मध्यकालीन दक्षिण भारत का एक साम्राज्य था। इसके राजाओं ने 310 वर्ष राज किया। इसका वास्तविक नाम कर्णाटक साम्राज्य था। जिसका पीले रंग का झण्डा था। जिसमें सूरज, चाँद, तलवार और सूअर का दृश्य बना हुआ होता था।

गोलकुण्डा का साम्राज्य

गोलकुण्डा या गोलकोण्डा दक्षिणी भारत में, हैदराबाद नगर से पाँच मील पश्चिम स्थित एक दुर्ग तथा ध्वस्त नगर है।

पूर्वकाल में यह कुतुबशाही राज्य में मिलने वाले हीरे-जवाहरातों के लिए प्रसिद्ध था जिनके ध्वज का एक रंग सियान रंग था।

मैसूर साम्राज्य

वर्ष 1399 से 1950 तक कर्नाटक के अधिकांश हिस्सों पर राज्य करने वाले मैसूर साम्राज्य का ध्वज लाल और भूरे रंग का था।

मुग़ल साम्राज्य

एक इस्लामी तुर्की-मंगोल साम्राज्य था। जो 1526 में शुरू हुआ, जिसने 17 वीं शताब्दी और 18 वीं शताब्दी की शुरुआत तक भारतीय उपमहाद्वीप में शासन किया और 19 वीं मध्य में समाप्त हुआ। इसका ध्वज हरे रंग का था जिसमें शेर और सूर्य का चिह्न बना हुआ होता था।

मराठा साम्राज्य

मराठा साम्राज्य या मराठा महासंघ एक भारतीय साम्राज्यवादी शक्ति थी जो 1674 से 1818 तक अस्तित्व में रही। इनका ध्वज भगवे रंग यानि केसरिया रंग का रहा।

सिख साम्राज्य

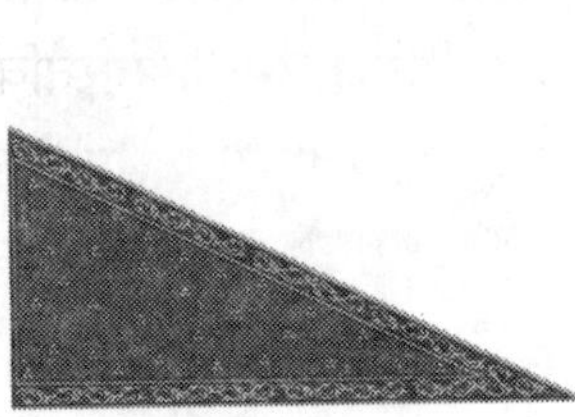

सिख साम्राज्य का उदय, उन्नीसवीं सदी की पहली अर्धशताब्दी में भारतीय उपमहाद्वीप के पश्चिमोत्तर में एक ताक़तवर महाशक्ति के रूप

में हुआ था। जिसकी आधारभूमि पंजाब थी। सिख साम्राज्य की नींव सन् 1799 में महाराज रणजीत सिंह द्वारा, लाहौर विजय पर पड़ी थी। यह 1799 से 1849 तक अस्तित्व में रहा था। इसका ध्वज लाल रंग के इंटीरियर और हरे रंग का बार्डर वाला तिकोना ध्वज था।

साम्राज्य काल के बाद शुरू हुआ ब्रिटिश राज। जो 1858 और 1947 तक भारतीय उपमहाद्वीप पर शासन किया। जिन्होंने पूरे शासन काल में यूनाइटेड किंगडम के ध्वज का इस्तेमाल भारत में किया।

भारतीय स्वतन्त्रता आन्दोलन में इस्तेमाल ध्वज

आज़ादी के संघर्ष में यह भगवा ध्वज भारतीय स्वाभिमान का प्रतीक रहा। सन् 1857 में भारतीयता के स्वाभिमान से स्फुरित होकर नाना साहब पेशवा, तात्या टोपे, कुँवरसिंह, झाँसी की रानी लक्ष्मीबाई जैसे देशभक्त नेताओं ने भगवा ध्वज की छत्रछाया में युद्ध का नगाड़ा बजाया। सन् 1857 के पश्चात् मराठों की सत्ता के रूप में बचे थे। भगवा ध्वज सदैव ही भारतीय स्वाभिमान और संकल्प का प्रतीक रहा। अंग्रेज़ों के ख़िलाफ़ लड़ाई में जब वासुदेव बलवन्त फड़के ने बिगुल बजाया तो उनके समक्ष छत्रपति शिवाजी महाराज का तेजस्वी– ओजस्वी जीवन और भगवा के प्रति एक समर्पण का भाव था। जब ए.ओ. ह्यूम ने 1885 में कांग्रेस की स्थापना की, तब भारत में राजनीति की दिशा ही बदल गयी। अंग्रेज़ों के ख़िलाफ़ आन्दोलन के लिए भारतीयों को एक मंच मिल गया, जहाँ से वे सब समवेत रूप से अपनी बात को उठा सकते थे। लेकिन इसकी एक कठिनाई थी कि इस मंच से बात उतनी ऊँची आवाज़ में उठानी होती थी, जितनी कि अंग्रेज़ों को पसन्द था। यही कारण है कि उस समय के प्रखर देशभक्तों ने एक अलग धारा बनायी और अपनी आवाज़ को बुलन्द किया। चूँकि तब भगवा ध्वज को फहराना असम्भव था। इसलिए लोकमान्य तिलक जैसे नेताओं ने एक रणनीति के तहत गणेशोत्सव और शिवाजी जयन्ती की योजना बनायी। इन उत्सवों ने लोगों के मन में भाव-भावनाओं के सूत्र पुरातन काल से चली आयी उज्ज्वल परम्परा से जोड़ दिये। छत्रपति शिवाजी का गुणगान करते-करते छत्रपति द्वारा आरोहित किये हुए ध्वज का और उनकी आकांक्षा का स्वरूप स्पष्ट होने लगा। उन दिनों के उत्सवों में हाथों में भगवे झण्डे लिए हुए लोगों को अपनी परम्परा, संस्कृति

और भगवा से उसके जुड़ाव की यह जानकारी पुरानी पीढ़ी के लोगों से मिलती रही।

लोकमान्य तिलक ने इसी कालखण्ड में महाराष्ट्र और विदर्भ में जिन क्रान्तिकारी संस्थाओं का निर्माण किया उनमें छत्रपति शिवाजी महाराज की प्रतिमा के समक्ष प्रतिज्ञा लेने की पद्धति थी। झण्डा जीतने का खेल खेलते समय मुग़ल और मराठा ऐसे दो गुट बनाकर भगवा झण्डा ज़ोर-शोर से लड़ाया जाता था। उस समय के विपरीत वातावरण में भी स्वाभिमानी अन्त:करणों से स्वतन्त्रता का उच्चारण करते थे, तब शिवाजी और भगवा ध्वज उनकी आँखों के सम्मुख तैरने लगते थे।

इसी काल में स्वामी विवेकानन्द, स्वामी दयानन्द सरस्वती और स्वामी रामतीर्थ के कृतित्व और व्यक्तित्व से भगवा का अर्थ और भाव पूरे विश्व में प्रसिद्ध हो गया। इनके साथ भगवा दण्ड साथ रहता, भगवा के साथ अविच्छिन्न परम्पराएँ भी साथ जातीं और इसके साथ अमर भारतीय जीवन की गाथाएँ लोगों को पता चलती थीं। महर्षि दयानन्द द्वारा खड़ा किया हुआ ऊँकार चिह्नांकित भगवा ध्वज पंजाब, राजस्थान, सिन्ध, उत्तर प्रदेश के अनेक स्थानों पर अधिकांशत: लहराने लगा था। विभिन्न स्थानों में स्थित मन्दिरों पर, साधु-सन्तों के मठों पर तथा कुम्भ यात्राओं में भगवा ध्वज का दर्शन अवश्य होता था। ऐसी पूर्व परम्परा सम्बन्ध की आस्था और जागृति कहीं-कहीं टिकी दिखने पर भी राजनैतिक क्षेत्र में एक नयी हवा का संचार होने लगा था।

इसी कालखण्ड में पाश्चात्य विचारों से प्रभावित भारतीय राजनेताओं और विचारकों ने पश्चिम विचारों के आधार पर भारतीय झण्डा की परिकल्पना प्रस्तुत की। सबसे पहले सन् 1906 में पाश्चात्य देशों में बहुत राष्ट्रों के झण्डे तिरंगे देखकर, उन्हीं की नकल करते हुए अपने लोगों ने अपना झण्डा बनाने का प्रयत्न किया। 7 अगस्त, 1906 को कलकत्ते के पारसी बागान चौक में लहराया गया झण्डा लाल, पीला और हरे रंग का था। इसके कुछ ही दिनों के पश्चात् जर्मनी में स्टुटगार्ट में अन्तर्राष्ट्रीय सोशलिस्ट कांग्रेस का अधिवेशन हुआ। उस अधिवेशन में सरदार सिंह राणा और कामाबाई ने स्वयं उत्साहित होकर हिन्दुस्थान का कहकर जो झण्डा फहराया, वह तिरंगा ही था। उस पर

ऊपर से नीचे हरा, केसरी और लाल पट्टे थे। पहले पट्टे पर प्रान्त निदर्शक आठ कमल, बीच के पट्टे पर देवनागरी लिपि में लिखा हुआ वन्देमातरम् का पवित्र मन्त्र और नीचे के लाल पट्टे पर चन्द्र और सूर्य के चिह्न जिसमें भारतीय परम्परा की विशेषता स्पष्ट व्यक्त होती थी। अर्थात तीन रंगों की यह कल्पना उस समय के विदेशी प्रारूप के अनुकरण से आयी थी। मात्र सन् 1917 और 1921 के समान उस समय उन रंगों के साथ हिन्दू, मुसलमान और अन्य ऐसा कोई भी अर्थ जोड़ा नहीं गया था। इसके पश्चात् सन् 1917 में होमरूल के बढ़ते आन्दोलन के समय उसमें काम करने वाले डॉ. दिनकर साठ्ये ने अनेक रंगों का सात पट्टियों वाला झण्डा बनाया। उन्होंने कहा था कि ध्वज पर अंकित सात पट्टियाँ पंजाब, सिन्ध, गुजरात, मराठा, द्रविड़, उत्कल व बंग के लिए थीं।

सन् 1920 में तिलक जी के देहावसान से पूर्व महात्मा गांधी जी ने हिन्दू-मुसलमान एकता के लिए ख़िलाफ़त आन्दोलन किया। उस काल में मुसलमानों की मित्रता और सहयोग पाने के लिए कुछ भी देने का सिद्धान्त गांधी जी और उनके सहयोगियों ने अपनाया। इस एकता निर्मिति के काल में बेझवाड़ा (विजयवाड़ा, आन्ध्र) में अखिल भारतीय कांग्रेस कार्यकारिणी की बैठक हुई। उस प्रसंग पर आन्ध्र प्रान्त के वेंकय्या नाम के तरुण को गांधी जी ने प्रथमतः लाल और हरे रंग का झण्डा बनाने के लिए सुझाव दिया। आगे अधिक विचार करने पर उन्होंने दो रंगों के साथ सफ़ेद रंग की पट्टी भी डालने के लिए कहा। इस सम्बन्ध में महात्मा गांधी जी लिखते हैं, "बेझवाड़ा में मैंने वेंकय्या को हिन्दुओं के लाल रंग और मुसलमानों के हरे रंग की पृष्ठभूमि पर चरखे का चिह्न अंकित किया हुआ राष्ट्रीय झण्डे का एक नमूना बनाने के लिए कहा। ... अधिक विचार करने पर मुझे लगा कि हमारे राष्ट्रीय झण्डे पर अन्य धर्मों को भी स्थान मिलना चाहिए। हिन्दू-मुसलमान एकता में केवल दो ही जातियों का समावेश नहीं है। इस शब्द की व्याप्ति बहुत बड़ी है। इसमें हिन्दुस्थान के सब धर्मों की एकता की भावना अभिप्रेत है। ... इसलिए मेरी कल्पना ऐसी है कि हमारे राष्ट्रीय झण्डे पर सफ़ेद, हरा और लाल रंग रहे। सफ़ेद रंग सबसे ऊपर, मुसलमानों का दूसरा और हिन्दुओं का रंग सबसे नीचे रहे इसमें हेतु यह है कि इनमें जो सबसे बलवान होगा वह अन्यों की

रक्षा के लिए ढाल बन कर रहे ... हम लोगों में से छोटे से छोटे और बड़े से बड़े में समानता है, यह दर्शाने के लिए हमारे राष्ट्रीय झण्डे में तीनों रंगों को अपनाया।"

इस अभिमत में केसरी रंग की विशेषता सूत्र रूप से रखी गयी है। एक, वह रंग स्वतन्त्र स्वरूप का है। दूसरा, यह हिन्दी लोगों को सबसे अधिक मान्य होगा, तथा यह पूर्व परम्परा से अपना-सा लगने वाला है—ऐसी तीन विशेषताएँ व्यक्त कर उस समय ध्वज समिति ने निर्णय दिया था। इसकी जानकारी राष्ट्रीय स्वयंसेवक संघ के संस्थापक डॉक्टर केशव बलिराम हेडगेवार को पहले ही मिल जाने से उन्हें बहुत सन्तोष हुआ था। कारण, बचपन से छत्रपति शिवाजी महाराज और उनके भगवे रंग पर डॉक्टर हेडगेवार की असीम श्रद्धा और भक्ति थी। उसी भक्ति के फलस्वरूप 1925 की विजयादशमी को उन्होंने हिन्दू राष्ट्र के पुनरुत्थान की मंगल आकांक्षा से प्रेरित होकर भगवा ध्वज आरोहित करते हुए राष्ट्रीय स्वयंसेवक संघ का शुभारम्भ किया था।

ब्रिटिश राज के बाद भारतीय स्वतन्त्रता आन्दोलन में ध्वजों के इस्तेमाल में विविधता देखने को मिलती है। क्रान्तिकारियों ने भी कई तरह के ध्वज इस्तेमाल किये।

कोलकाता ध्वज

कोलकाता ध्वज प्रथम भारतीय अनधिकारिक ध्वज था। इसकी अभिकल्पना शचीन्द्र प्रसाद बोस ने की थी। इसे 7 अगस्त, 1906 को पारसी बागान स्क्वेयर (ग्रीन पार्क), कोलकाता में फहराया गया था।

अखिल भारतीय होम रूल लीग का ध्वज

अखिल भारतीय होम रूल लीग एक राष्ट्रीय राजनीतिक संगठन था। इसकी स्थापना 1916 में बाल गंगाधर तिलक ने की थी। इसका उद्देश्य भारत में स्वशासन लाना था। इस वृहती राष्ट्रीय माँग का नेतृत्व करने के लिए इसे 'होम रूल' नाम दिया गया था। इसके ध्वज में हरे लाल रंग के पट्टी में ब्रिटिश ध्वज चाँद-सितारे समेत सात स्टार होते थे।

गांधीजी का ध्वज

सन् 1921 में भारतीय राष्ट्रीय कांग्रेस द्वारा इस्तेमाल किया गया ध्वज। इसे गांधीजी का झण्डा कहा गया। इसे 1-9-21 में भारतीय राष्ट्रीय कांग्रेस की बैठक में भी पेश किया गया था। ध्वज का रंग सफ़ेद, हरा और लाल था। बीच में नीली लाइनों से बना एक चरखा था।

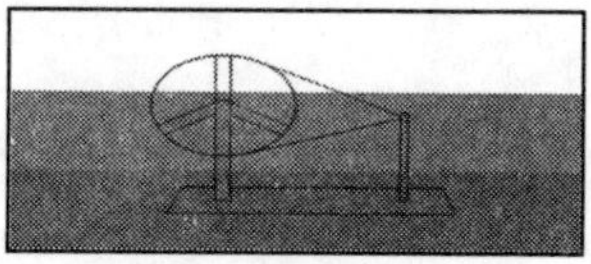

स्वराज ध्वज

सन् 1-9-31 में भारतीय राष्ट्रीय कांग्रेस द्वारा अपनाया गया ध्वज। जो सबसे पहले 31 अक्टूबर, 1931 को फहराया गया। स्वराज ध्वज 1923 से 1947 तक अस्तित्व में रहा।

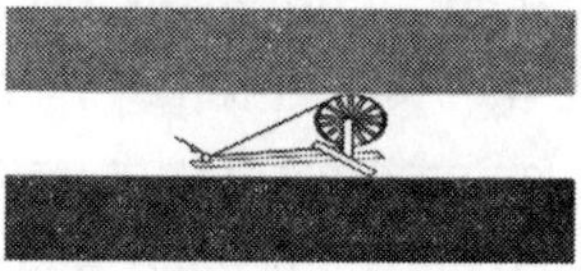

तिरंगा ध्वज

आख़िरी में स्वतन्त्र भारत देश का राष्ट्रीय ध्वज तिरंगा।

राष्ट्रीय स्वयंसेवक संघ और भगवा ध्वज

राष्ट्रीय स्वयंसेवक संघ (आरएसएस) के स्वयंसेवक भगवा ध्वज को गुरु मानते हैं। गुरु पूर्णिमा के दिन उन्हीं की पूजा करते हैं। आरएसएस विश्व का पहला ऐसा संगठन है, जिनके स्वयंसेवक किसी व्यक्ति को गुरु नहीं मानकर प्रतीक के रूप में भगवा ध्वज को गुरु मानते हैं। इस सम्बन्ध में आरएसएस के संस्थापक डॉ. केशव बलिराम हेडगेवार का मानना था कि व्यक्ति चंचल है, समय के अनुसार उनमें बदलाव आ सकता है। जब वह अपने मार्ग से भटक जायेगा तो परेशानी होगी। इसलिए उन्होंने तय कर दिया कि स्वयंसेवक व्यक्ति को नहीं, ध्वज को ही गुरु मानेंगे। उसके बाद से गुरु पूर्णिमा के दिन संघ के स्वयंसेवक भगवा ध्वज की पूजा करते हैं।

संघ शाखा प्रारम्भ होने के बाद प्रारम्भिक दो वर्षों तक तो धन की कोई आवश्यकता महसूस नहीं हुई। कार्यक्रम भी सामान्य और छोटे स्वरूप के होते थे, इसलिए ख़र्च भी विशेष नहीं होता था। जो कुछ थोड़ा बहुत ख़र्च होता उसकी पूर्ति डॉक्टर हेडगेवार मतलब संघ संस्थापक एवं प्रथम सरसंघचालक परमपूज्य डॉ. केशव बलिराम हेडगेवार व उनका मित्र-परिवार करता। उनके मित्रों को यह पूरा विश्वास था कि डॉक्टर हेडगेवार निरपेक्ष देश सेवा का कार्य कर रहे हैं। इसलिए वर्ष भर में एक या दो बार वे बड़ी ख़ुशी से संघ कार्य के लिए आर्थिक मदद देते थे। 1927 तक संघ के ज़िम्मेदार स्वयंसेवक डॉक्टर इन विश्वासपात्र मित्रों के यहाँ जाकर धन ले आते थे। द्रुत गति से बढ़ने वाले संघ कार्य के लिए कार्यक्रमों तथा प्रवास हेतु जब अधिक ख़र्च करना अपरिहार्य हो गया तब डॉक्टर हेडगेवार ने इस सम्बन्ध में स्वयंसेवकों के साथ विचार-विमर्श प्रारम्भ किया। आज तक जो धनराशि एकत्रित होती

उसका पाई-पाई का हिसाब डॉक्टर हेडगेवार स्वयं रखते थे और यही आदत उन्होंने स्वयंसेवकों में भी डाली। परिणामस्वरूप स्वयंसेवकों को अपने सारे कार्यक्रम सादगीपूर्ण ढंग से कम खर्च में करने की आदत हो गयी। शाखाएँ तेज़ी से खुलने लगी थीं। नागपुर के पड़ोसी वर्धा और भण्डारा ज़िलों में नयी शाखाएँ खुलीं। इस कारण आवश्यक ख़र्च भी बढ़ने लगा। कुछ दिनों तक मित्रों से उधार लेने का क्रम चला। मित्र भी बड़ी आस्था से रकम उधार देते और वापसी की कोई जल्दबाज़ी नहीं की जाती। फिर भी उधार ली गयी रकम आख़िर कभी न कभी वापस करनी है—यह चिन्ता उन्हें अवश्य होती। फिर इस तरह उधार लेकर काम करने का क्रम आख़िर कब तक चलेगा, यह चिन्ता स्वयंसेवकों के मन में भी उत्पन्न होने लगी और इसका कोई निदान ढूँढ़ा जाने लगा।

एक स्वयंसेवक ने कहा, संघ कार्य हिन्दू समाज का कार्य है। इसलिए जो आर्थिक मदद दे सकते हैं, ऐसे संघ से सहानुभूति रखने वाले लोगों से धन एकत्र किया जाये। अन्य स्वयंसेवक ने भी इस सुझाव का समर्थन करते हुए कहा कि समाज जीवन की उन्नति हेतु चलने वाले सभी प्रकार के कार्य आख़िर लोगों द्वारा दिये गये दान, अनुदान और चन्दे की रकम से ही चलते हैं। अत: हमें भी इसी तरीक़े से धन जुटाना चाहिए। एक स्वयंसेवक ने इस पर आपत्ति उठाते हुए कहा कि हमारा कार्य सर्वश्रेष्ठ राष्ट्रीय कार्य है। इसका लोगों को बोध कराना होगा, किन्तु इसके लिए उनसे आर्थिक मदद माँगना उचित नहीं होगा। इसी बात को आगे बढ़ाते हुए अन्य स्वयंसेवक ने कहा कि यदि हम इसे अपना ही कार्य कहते हैं तो संघ के काम के लिए हम स्वयं ही अपना धन लगाकर ख़र्च की व्यवस्था क्यों न करें? डॉक्टर हेडगेवार ने उसे अपना विचार अधिक स्पष्ट रूप से कहने का आग्रह किया। तब उस स्वयंसेवक ने कहा, अपने घर में कोई धार्मिक कार्य अथवा विवाह आदि कार्य होते हैं। कोई अपनी लड़की के विवाह के लिए चन्दा एकत्र कर धन नहीं जुटाता। इसी प्रकार संघ कार्य पर होने वाला ख़र्च भी जैसे भी सम्भव हो, हम सभी मिलकर वहन करें।

स्वयंसेवक खुले मन से अपने विचार व्यक्त करने लगे। एक ने शंका-आशंका उपस्थित करते हुए कहा, यह धन राशि संघ के कार्य हेतु एकत्र

होगी—क्या इसे हम आर्थिक सहयोग मानें? दान, अनुदान, चन्दा आर्थिक सहयोग आदि में पूर्णतया निरपेक्ष भाव से देने का भाव प्रकट नहीं होता। अपनी घर-गृहस्थी ठीक तरह से चलाते हुए हमें जो सम्भव होता है, वही हम दान अनुदान, चन्दा आदि के रूप में देते हैं। किन्तु हमारा संघ कार्य तो जीवन में सर्वश्रेष्ठ वरण करने योग्य कार्य है। वह अपना ही कार्य है, इसलिए हमें अपने व्यक्तिगत ख़र्चे में कटौती कर संघ कार्य हेतु जितना अधिक दे सकें उतना हमें देना चाहिए—यह भावना स्वयंसेवकों में निर्मित होनी चाहिए। अपने व्यक्तिगत जीवन में भी धन-सम्पत्ति की ओर देखने का योग्य दृष्टिकोण हमें स्वीकार करना चाहिए। मुक्ति चिन्तन के चलते स्वयंसेवक अपने-अपने विचार व्यक्त कर रहे थे। डॉक्टर हेडगेवार ने सबके विचारों को सुनने के बाद कहा, कृतज्ञता और निरपेक्षता की भावना से गुरु दक्षिणा समर्पण की पद्धति भारत में प्राचीनकाल में प्रचलित थी। संघ कार्य करते समय धन सम्बन्धी हमें अपेक्षित भावना गुरु दक्षिणा की इस संकल्पना में प्रकट होती है- हमें भी वहीं पद्धति स्वीकार करनी चाहिए। डॉक्टर हेडगेवार के इस कथन से सभी स्वयंसेवकों के विचार को एक नयी दिशा मिली और विशुद्ध भावना से 'गुरु दक्षिणा' समर्पण का विचार सभी स्वयंसेवकों के हृदय में बस गया।

दो दिन बाद ही व्यास पूर्णिमा थी। गुरुपूजन और गुरु दक्षिणा समर्पण हेतु परम्परा से चला आ रहा यह पावन दिवस सर्व दृष्टि से उचित था। इसलिए डॉक्टर हेडगेवार ने कहा कि इस दिन सुबह ही स्नान आदि विधिपूर्ण कर हम सारे स्वयंसेवक एकत्र होंगे और श्री गुरु पूर्णिमा व श्री गुरु दक्षिणा का उत्सव मनायेंगे। डॉक्टर हेडगेवार की यह सूचना सुनते ही घर लौटते समय स्वयंसेवकों के मन में विचार-चक्र घूमने लगा। परसों हम गुरु के नाते किसकी पूजा करेंगे? स्वयंसेवकों का गुरु कौन हो सकता है? हम परसों मनाये जाने वाले गुरुपूजन उत्सव में उन्हीं का पूजन करेंगे। कुछ स्वयंसेवकों के विचार में राष्ट्रगुरु तो समर्थ रामदास स्वामी हैं। प्रार्थना के बाद नित्य हम उनकी जय-जयकार करते हैं। अत: समर्थ रामदासजी के छायाचित्र की पूजा करना उचित रहेगा। उन्हीं दिनों अण्णा सोहनी नामक एक कार्यकर्ता शाखा में उत्तम शारीरिक शिक्षक रूप में प्रसिद्ध थे—उनकी शिक्षा से हमारी शारीरिक क्षमता

और विश्वास में वृद्धि होती है, अत: क्यों न उन्हें ही गुरु के रूप में पूजा जाये? अनेक प्रकार की विचार तरंगें स्वयंसेवकों के मन में उठने लगीं।

व्यास पूर्णिमा के दिन प्रात:काल सभी स्वयंसेवक निर्धारित समय पर डॉक्टर हेडगेवार के घर एकत्र हुए। ध्वज प्रणाम के बाद स्वयंसेवक अपने-अपने स्थान पर बैठ गये। व्यक्तिगत गीत हुआ और उसके बाद डॉक्टर हेडगेवार भाषण देने के लिए उठ खड़े हुए। अपने भाषण में उन्होंने कहा कि संघ किसी भी जीवित व्यक्ति को गुरु न मानते हुए अपने परम पवित्र भगवा ध्वज को ही अपना गुरु मानता है। व्यक्ति चाहे कितना ही श्रेष्ठ क्यों न हो, वह सदा अविचल अडिग उसी स्थिति में रहेगा इसकी कोई गारंटी नहीं। श्रेष्ठ व्यक्ति में भी कोई न कोई अपूर्णता या कमी रह सकती है। सिद्धान्त ही नित्य अडिग बना रह सकता है। भगवा ध्वज ही संघ के सैद्धान्तिक विचारों का प्रतीक है—इस ध्वज की ओर देखते ही अपने राष्ट्र का उज्ज्वल इतिहास, अपनी श्रेष्ठ संस्कृति और दिव्य दर्शन हमारी आँखों के सामने जीवन्त हो जाता है। जिस ध्वज की ओर देखते ही अन्त:करण में स्फूर्ति का संचार होने लगता है वही भगवा ध्वज अपने संघ कार्य के सिद्धान्तों का प्रतीक है इसलिए वह हमारा गुरु है। आज हम उसी का पूजन करें और उसे ही अपनी गुरु दक्षिणा समर्पित करें। कार्यक्रम बड़े उत्साह से सम्पन्न हुआ और इसके साथ ही भगवा ध्वज को अपना गुरु और आदर्श मानने की पद्धति शुरू हुई। इस प्रथम गुरु पूजन उत्सव में कुल 84 रु श्रीगुरु दक्षिणा के रूप में एकत्र हुए। उसका तथा आगे संघ कार्य पर होने वाले ख़र्चे का पूरा हिसाब रखने की व्यवस्था की गयी। श्रीगुरु दक्षिणा का उपयोग केवल संघ कार्य हेतु ही हो, अपने व्यक्तिगत कार्य के लिए उसमें से एक भी पैसा उपयोग में नहीं लाया जाये—इसकी चिन्ता स्वयं डॉक्टर हेडगेवार किया करते। वही आदत स्वयंसेवकों में भी निर्मित हुई और इस प्रकार आत्मनिर्भर होकर संघ कार्य करने की पद्धति संघ में प्रचलित हुई।

गुरु को नमन का पर्व है गुरु पूर्णिमा

भारतवर्ष में आषाढ़ पूर्णिमा को गुरु पूर्णिमा के रूप में मनाया जाता है। कहा गया है कि गुरु स्वयं में पूर्ण है और जो ख़ुद पूरा है वही तो दूसरों को पूर्णता का बोध करवा सकता है। हमारे अंतस में संस्कारों का परिशोधन, गुणों का संवर्द्धन एवं दुर्भावनाओं का विनाश करके गुरु हमारे जीवन को सन्मार्ग पर ले जाता है। गुरु कौन व कैसा हो, इस विषय में श्रुति बहुत सुन्दर व्याख्या करती है—विशारदं ब्रह्मनिष्ठं श्रोत्रियं' अर्थात जो ज्ञानी हो, शब्द ब्रह्म का ज्ञाता हो, आचरण से श्रेष्ठ ब्राह्मण जैसा और ब्रह्म में निवास करने वाला हो तथा अपनी शरण में आये शिष्य को स्वयं के समान सामर्थ्यवान बनाने की क्षमता रखता हो। वही गुरु है। जगद्गुरु आद्य शंकराचार्य की 'शतश्लोकी' के पहले श्लोक में सद्गुरु की परिभाषा है—तीनों लोकों में सद्गुरु की उपमा किसी से नहीं दी जा सकती।

बौद्ध ग्रन्थों के अनुसार भगवान बुद्ध ने सारनाथ में आषाढ़ पूर्णिमा के दिन अपने प्रथम पाँच शिष्यों को उपदेश दिया था। इसीलिए बौद्ध धर्म के अनुयायी भी पूरी श्रद्धा से गुरु पूर्णिमा उत्सव मनाते हैं। सिख इतिहास में गुरुओं का विशेष स्थान रहा है। ज़रूरी नहीं कि किसी देहधारी को ही गुरु माना जाये। मन में सच्ची लगन एवं श्रद्धा हो तो गुरु को किसी भी रूप में पाया जा सकता है। एकलव्य ने मिट्टी की प्रतिमा में गुरु को ढूँढ़ा और महान धनुर्धर बना। दत्तात्रेय महाराज ने 24 गुरु बनाये थे। उनके गुरुओं में पृथ्वी, पहाड़, नदी, पेड़, जंगल, झरना, जानवर आदि गुरु हैं।

चाणक्य जैसे गुरु ने चन्द्रगुप्त को चक्रवर्ती सम्राट बनाया और समर्थ गुरु रामदास ने छत्रपति शिवाजी के भीतर बर्बर मुस्लिम आक्रमणकारियों से राष्ट्र

रक्षा की सामर्थ्य विकसित की। मगर इसे विडम्बना ही कहा जायेगा कि बीती सदी में हमारी गौरवशाली गुरु-शिष्य परम्परा में कई विसंगतियाँ आ गयीं। इस परिवर्तन को लक्षित करते हुए राष्ट्रीय स्वयंसेवक संघ के संस्थापक डॉ. केशवराव बलिराम हेडगेवार ने 1925 में राष्ट्रीय स्वयंसेवक संघ की स्थापना के समय भगवा ध्वज को गुरु के रूप में प्रतिष्ठित किया। इसके पीछे मूल भाव यह था कि व्यक्ति पतित हो सकता है पर विचार और पावन प्रतीक नहीं। विश्व का सबसे बड़ा स्वयंसेवी संगठन गुरु रूप में इसी भगवा ध्वज को नमन करता है। गुरु पूर्णिमा के दिन संघ के स्वयंसेवक गुरु दक्षिणा के रूप में इसी भगवा ध्वज के समक्ष राष्ट्र के प्रति अपना समर्पण व श्रद्धा निवेदित करते हैं। उल्लेखनीय है कि इस भगवा ध्वज को गुरु की मान्यता यूँ ही नहीं मिली है। यह ध्वज तपोमय व ज्ञाननिष्ठ भारतीय संस्कृति का सर्वाधिक सशक्त व पुरातन प्रतीक है। उगते हुए सूर्य के समान इसका भगवा रंग भारतीय संस्कृति की आध्यात्मिक ऊर्जा पराक्रमी परम्परा एवं विजय भाव का सर्वश्रेष्ठ प्रतीक है। संघ ने उसी परम पवित्र भगवा ध्वज को गुरु के प्रतीक रूप में स्वीकार किया है जो कि हज़ारों वर्षों से राष्ट्र और धर्म का ध्वज था।

गुरु शब्द का महत्त्व इसके अक्षरों में ही निहित है। देववाणी संस्कृत में 'गु' का अर्थ होता है अन्धकार (अज्ञान) और 'रु' का अर्थ हटाने वाला। यानी जो अज्ञान के अन्धकार से मुक्ति दिलाये वह ही गुरु है। माता-पिता हमारे जीवन के प्रथम गुरु होते हैं। प्राचीनकाल में शिक्षा प्राप्ति के लिए गुरुकुलों की व्यवस्था थी। आज उनके स्थान पर स्कूल-कॉलेज हैं।

गुरु-शिष्य परम्परा भारतीय संस्कृति की ऐसी अनुपम धरोहर है जिसकी मिसाल दुनियाभर में दी जाती है। यही परम्परा आदिकाल से ज्ञान सम्पदा का संरक्षण कर उसे श्रुति के रूप में क्रमबद्ध संरक्षित करती आयी है। गुरु-शिष्य के महान सम्बन्धों एवं समर्पण भाव से अपने अहंकार को गलाकर गुरु कृपा प्राप्त करने के तमाम विवरण हमारे शास्त्रों में हैं। कठोपनिषद् में प्रचारित विद्या के रूप में व्याख्यायित यम-नचिकेता का पारस्परिक संवाद गुरु-शिष्य परम्परा का विलक्षण उदाहरण है। ज़रा विचार कीजिए। पिता के अन्याय का विरोध करने पर एक पाँच साल के बालक नचिकेता को क्रोध में भरे अहंकारी पिता द्वारा घर से निकाल दिया जाता है। पर वह झुकता नहीं और अपने प्रश्नों की

जिज्ञासा शान्त करने के लिए मृत्यु के देवता यमराज के दरवाज़े पर जा खड़ा होता है। तीन दिन तक भूखा-प्यासा रहता है। अन्ततः यमराज उसकी जिज्ञासा पात्रता और दृढ़ता को परखकर गुरु रूप में उसे जीवन तत्त्व का मूल ज्ञान देते हैं। यम-नचिकेता का यह वार्तालाप भारतीय ज्ञान सम्पदा की अमूल्य निधि है। हमारे समक्ष ऐसे अनेक पौराणिक व ऐतिहासिक उदाहरण उपलब्ध हैं जो इस गौरवशाली परम्परा का गुणगान करते हैं। गुरुकृपा शिष्य का परम सौभाग्य है। गुरुकृपा से कायाकल्प के अनेक उदाहरण हमारे सामने हैं।

स्वामी विवेकानन्द तो बचपन से ही मेधावी व ईशतत्त्व के जिज्ञासु थे। गुरु रामकृष्ण परमहंस के आशीर्वाद से उन्हें दिव्यतत्त्व से आत्म साक्षात्कार हुआ था। श्री रामकृष्ण के शिष्यों में एक लाटू महाराज भी थे। निरे अपढ़, पर हृदय में भक्ति थी। एक बार उन्होंने परमहंस देव से कहा—ठाकुर। मेरा क्या होगा? ठाकुर ने उन्हें आश्वस्त करते हुए कहा—तेरे लिए मैं हूँ न। तब से लाटू महाराज का नियम बन गया अपने गुरुदेव रामकृष्ण का नाम स्मरण। ठाकुर की आज्ञा उनके लिए सर्वस्व थी। इसी से उनके जीवन में ऐसे आश्चर्यजनक आध्यात्मिक परिवर्तन हुए कि स्वामी विवेकानन्द ने उनका नाम ही अद्‌भुतानन्द रख दिया। विराट गायत्री परिवार के संस्थापक-संरक्षक पं. श्रीराम शर्मा आचार्य का जीवन भी अपने हिमालयवासी गुरु को समर्पण की अनूठी गाथा है। 15 वर्ष की आयु में पूजन कक्ष में एक प्रकाश पुंज के रूप में अपनी मार्गदर्शक सत्ता से प्रथम साक्षात्कार और उसी प्रथम मुलाक़ात में पूर्ण समर्पण और उनके निर्देशानुसार समूचे जीवन के लिए संकल्पबद्ध हो जाना कोई मामूली बात नहीं है। करोड़ों की सदस्य संख्या वाला गायत्री मिशन आज जिस तरह समाज में सुसंस्कारिता की अलख जगा रहा है, उसके पीछे उनके परम गुरु की दिव्य चेतना ही तो है। शिष्य के अन्तर्मन में ज्यों-ज्यों गुरु भक्ति प्रगाढ़ होती है, त्यों-त्यों उसका अन्तःकरण ज्ञान के प्रकाश से भरता जाता है। महान गुरु योगिराज श्री श्यामाचरण लाहिड़ी के शिष्य स्वामी प्रणवानन्द की अनुभूति भी ऐसी ही है। यह अनुभूति उन्होंने परमहंस योगानन्द जी को सुनाई थी। वे दिन में रेलवे में नौकरी करते थे और रात को आठ घण्टे अविराम ध्यान साधना। उन्होंने सद्‌गुरु के चरणों में ईश दर्शन की यह तीव्र आकांक्षा निवेदित कर कहा, उस परम प्रभु के प्रत्यक्ष दर्शन किये बिना अब मैं जीवित नहीं रह सकता।

आप इस भौतिक कलेवर में मेरे सम्मुख विद्यमान हैं पर मेरी प्रार्थना को स्वीकारें और मुझे अपने अनन्त रूप में दर्शन दें। तब गुरु ने अपना हाथ मेरे शीश पर रखकर आशीर्वाद दिया कि मेरी प्रार्थना परमपिता परमेश्वर तक पहुँच गयी है। अपरिमित आनन्द और उल्लास से भरकर उस रात्रि सद्गुरु के चरण मेरी ध्यान चेतना का केन्द्र थे। वे चरण कब अनन्त विराट परमब्रह्म बन गये, पता ही नहीं चला और उसी रात मैंने जीवन की चिरप्रतीक्षित परमसिद्धि प्राप्त कर ली। चीन के एक प्रसिद्ध सन्त पेकूशिन हुए। उन्होंने काफ़ी दिनों तक साधना की। देश-विदेश के अनेक स्थानों का भ्रमण किया। विभिन्न शास्त्र और विधाएं पढ़ीं, परन्तु चित्त को शान्ति न मिली। सालों-साल के विद्याभ्यास के बावजूद भटकन एवं भ्रान्ति बनी रही। शिन को भारी बेचैनी थी। उन्हीं दिनों उनकी मुलाक़ात बोधिधर्म से हुई। बोधिधर्म उन दिनों भारत से चीन गये हुए थे। बोधिधर्म के सान्निध्य, उनके पल भर के सम्पर्क से शिन की सारी भ्रान्ति, समूची भटकन समाप्त हो गयी। उनके मुख पर ज्ञान की अलौकिक दीप्ति छा गयी। बात अनोखी थी जो सालों तक अनेक शास्त्रों एवं विद्याओं को पढ़कर न हुआ, वह एक पल में हो गया। शिन ने अपने संस्मरणों में अपने जीवन की इस अनूठी घटना का उल्लेख किया है। उन्होंने लिखा है, "सद्गुरु बोधिधर्म से मिलना ठीक वैसा ही था जैसे प्रज्वलित प्रकाश स्रोत में एक छोटे से दीपक का विलय।"

गुरु तत्त्व को किसी बौद्धिक क्षमता से नहीं वरन् सजल भाव संवेदनाओं से ही हृदयंगम किया जा सकता है। गुरु ही परमब्रह्म है—महादेव के इस कथन में अनेक गूढ़ार्थ समाएँ हैं। उनके इस अपूर्व दर्शन में द्रष्टा, दृष्टि एवं दर्शन, सभी कुछ एकाकार है। सद्गुरु कृपा से जिसे दिव्य दृष्टि मिल जाती है, वही ब्रह्म का दर्शन करने में सक्षम हो पाता है। उच्चतम तत्त्व के प्रति जिज्ञासा भी उच्चतम चेतना में अंकुरित होती है। उत्कृष्टता एवं पवित्रता की उर्वरता में ही यह अंकुरण सम्भव हो पाता है। वही तत्त्वज्ञान का अधिकारी होता है। उसी में गुरु की चेतना प्रकाशित होती है। ऐसे सच्चे मुमुक्षु शिष्य के प्राणों में गुरु का तप प्रवाहित होने लगता है। ऐसे गुरुगत शिष्य के लिए कुछ भी अदेय नहीं होता।

बौद्ध ध्वज या पंचशील ध्वज यह ध्वज बौद्ध धर्म के प्रतीक एवं बौद्धों के सार्वभौमिक प्रतिनिधित्व के लिए 19 वीं सदी में बनाया गया है। यह दुनिया भर में बौद्धों द्वारा प्रयोग किया जाता है। ध्वज के छह ऊर्ध्वाधर बैंड आभा के छह रंगों का प्रतिनिधित्व करते हैं, जो बुद्ध के शरीर से उत्पन्न हुए जब उन्होंने ज्ञान प्राप्ति की थी। ऐसा बौद्धों द्वारा मानना है।

- **नीला :** प्यार, दया, शान्ति और सार्वभौमिक दया का प्रतीक है।
- **पीला :** (मध्य पथ) खालीपन और चरम सीमाओं से परहेज है।
- **लाल :** अभ्यास का आशीर्वाद—उपलब्धि, ज्ञान, सदाचार, भाग्य और गरिमा।
- **सफ़ेद :** धर्म की पवित्रता मुक्ति के लिए अग्रणी समय या स्थान के बाहर।
- **केसरी :** बुद्ध का शिक्षा-ज्ञान।

छठे ऊर्ध्वाधर बैंड, ध्वज पर, पाँच अन्य रंग का आयताकार बैंड एक संयोजन से बना है। और आभा के स्पेक्ट्रम में अन्य पाँच रंगों में से एक यौगिक का प्रतिनिधित्व करता है। इस यौगिक रंग (प्रकाश का सार) प्रभासार के रूप में जाना जाता है।

गुरु दक्षिणा

जैसे सूर्य बिना कहे सबको प्राण ऊर्जा देता है, मेघ जल बरसाता है, हवा भी बिना किसी भेदभाव व लालच के ठण्डक पहुँचाकर सभी को जीवित रखती है और फूल भी अपनी महक में कोई कसर नहीं रखता, वैसे ही गुरुजन भी स्वयं ही शिष्यों की भलाई में लगे रहते हैं। उनका उद्देश्य शिष्य से गुरु दक्षिणा लेना नहीं, अपितु शिष्य का सूर्य की भांन्ति दैदीप्यमान होना है जो गुरु के सिर को गर्व से ऊँचा कर दे।

प्राचीन काल के एक गुरु अपने आश्रम को लेकर बहुत चिन्तित थे। गुरु वृद्ध हो चले थे और अब शेष जीवन हिमालय में ही बिताना चाहते थे, लेकिन उन्हें यह चिन्ता सताये जा रही थी कि मेरी जगह कौन योग्य उत्तराधिकारी हो, जो आश्रम को ठीक तरह से संचालित कर सके।

उस आश्रम में दो योग्य शिष्य थे और दोनों ही गुरु को प्रिय थे। दोनों को गुरु ने बुलाया और कहा—शिष्यो मैं तीर्थ पर जा रहा हूँ और गुरु दक्षिणा के रूप में तुमसे बस इतना ही माँगता हूँ कि यह दो मुट्ठी गेहूँ है। एक-एक मुट्ठी तुम दोनों अपने पास सँभालकर रखो और जब मैं आऊँ तो मुझे यह दो मुट्ठी गेहूँ वापस करना है। जो शिष्य मुझे अपने गेहूँ सुरक्षित वापस कर देगा, मैं उसे ही इस गुरुकुल का गुरु नियुक्त करूँगा। दोनों शिष्यों ने गुरु की आज्ञा को शिरोधार्य रखा और गुरु को विदा किया।

एक शिष्य गुरु को भगवान मानता था। उसने तो गुरु के दिये हुए एक मुट्ठी गेहूँ को पुट्टल बाँधकर एक आलिए में सुरक्षित रख दिया और रोज़ उसकी पूजा करने लगा। दूसरा शिष्य जो गुरु को ज्ञान का देवता मानता था उसने उन एक मुट्ठी गेहूँ को ले जाकर गुरुकुल के पीछे खेत में बो दिये।

कुछ महीनों बाद गुरु लौटकर आये। जो शिष्य गुरु को भगवान मानता था उससे अपने एक मुट्ठी गेहूँ माँगे। उस शिष्य ने गुरु को ले जाकर आलिए में रखी गेहूँ की पुट्टल बतायी जिसकी वह रोज़ पूजा करता था। गुरु ने देखा कि उस पुट्टल के गेहूँ सड़ चुके हैं और अब वे किसी काम के नहीं रहे। तब गुरु ने उस शिष्य को जो गुरु को ज्ञान का देवता मानता था उससे अपने गेहूँ दिखाने के लिए कहा। उसने गुरु को आश्रम के पीछे ले जाकर कहा—गुरुदेव यह लहलहाती जो फ़सल देख रहे हैं यही आपके एक मुट्ठी गेहूँ हैं और मुझे क्षमा करें कि जो गेहूँ आप दे गये थे वही गेहूँ मैं दे नहीं सकता।

लहलहाती फ़सल को देखकर गुरु का चित्त प्रसन्न हो गया और उन्होंने कहा जो शिष्य गुरु के ज्ञान को फैलाता है, बाँटता है वही श्रेष्ठ उत्तराधिकारी होने का पात्र है। मूलतः गुरु के प्रति सच्ची दक्षिणा यही है।

सामान्य अर्थ में गुरु दक्षिणा का अर्थ पारितोषिक के रूप में लिया जाता है, किन्तु गुरु दक्षिणा का वास्तविक अर्थ कहीं ज़्यादा व्यापक है। महज़ पारितोषिक नहीं।

गुरु दक्षिणा का अर्थ है कि गुरु से प्राप्त की गयी शिक्षा एवं ज्ञान का प्रचार-प्रसार व उसका सही उपयोग कर जनकल्याण में लगायें। मूलतः गुरु दक्षिणा का अर्थ शिष्य की परीक्षा के सन्दर्भ में भी लिया जाता है। गुरु दक्षिणा गुरु के प्रति सम्मान व समर्पण भाव है। गुरु के प्रति सही दक्षिणा यही है कि गुरु अब चाहता है कि तुम ख़ुद गुरु बनो।

गुरु जीवन्त हो या तत्त्व रूपी, यदि सच्ची निष्ठा से आदरपूर्वक सच्चे मन से गुरु की भक्ति, उसकी दी जाने वाली शिक्षा को भावपूर्वक ग्रहण किया जाये तो तत्त्व भी जीवन्त हो उठता है। जैसा कि एकलव्य के साथ हुआ वह भी अर्जुन के समान धनुर्धारी था, चाहे गुरु के स्थान पर उसकी माटी की मूर्ति से ही शिक्षा ग्रहण क्यों न की हो... आप तैयार रहें दक्षिणा देने के लिए अर्थात अपने समस्त अहंकार, घमण्ड, ज्ञान, अज्ञान, पद या शक्ति, अभिमान सभी गुरु के चरणों में अर्पित करते हैं। यही सच्ची गुरु दक्षिणा होगी। यह आपको तय करना है कि आपको पोटली वाला शिष्य बनना है या जो गुरु के ज्ञान को देवता मानता था वैसा शिष्य बनना है।

भारतीय राष्ट्रीय ध्वज का इतिहास

किसी भी देश का राष्ट्रीय ध्वज उसकी पहचान ही नहीं, बल्कि उसके इतिहास और विचार को भी दर्शाता है। दुनिया भर में झण्डे का इस्तेमाल प्राचीन काल से हो रहा है। जब राष्ट्र का निर्माण नहीं हुआ था, तब झण्डे का इस्तेमाल लोग किया करते थे। भारत में झण्डे का इतिहास ऋग्वेद काल से से शुरू होता है, जब धूमकेतु झण्डे का इस्तेमाल होता था। रामायण में भी शहर, शिविर, रथयात्रा और रण क्षेत्र के बारे में झण्डे का ज़िक्र मिलता है। रामायण में निषादराज गुह की नाव में स्वस्तिक ध्वज, महाराजा जनक का सीरध्वज और उनके भाई के कुशध्वज का वर्णन है। महाभारत काल में तो ध्वज का भरपूर विवरण है। हर योद्धा का अलग-अलग झण्डा था। समय के साथ झण्डे का रिश्ता सेना से जुड़ गया। जब जनसंख्या बढ़ने लगी और राष्ट्र का उदय हुआ, तब झण्डा राष्ट्र का प्रतीक बन गया। हर देश का अपना झण्डा होना अनिवार्य हो गया। आधुनिक काल में माना यह जाता है कि डेनमार्क दुनिया का पहला देश है, जिसने पहले अपना राष्ट्रीय ध्वज बनाया।

भारतीय राष्ट्रीय ध्वज बहुत महत्त्वपूर्ण है और यह भारत के लम्बे स्वतन्त्रता संग्राम का प्रतिनिधित्व करता है। यह भारत के एक स्वतन्त्र गणतन्त्र होने का प्रतीक है। भारतीय राष्ट्रीय ध्वज के वर्तमान स्वरूप का अस्तित्व 22 जुलाई 1947 को हुई संवैधानिक सभा की बैठक में आया। इस ध्वज ने 15 अगस्त 1947 से 26 जनवरी 1950 तक डोमिनियन ऑफ़ इंडिया और उसके बाद से भारत गणराज्य के राष्ट्रीय ध्वज के तौर पर देश का प्रतिनिधित्व किया। भारतीय राष्ट्रीय ध्वज को पिंगली वैंकया ने डिजाइन किया और इसमें भगवा,

सफ़ेद और हरे रंगों की समान पट्टियाँ हैं। इसकी चौड़ाई का अनुपात इसकी लम्बाई के मुक़ाबले 2:3 है।

सफ़ेद पट्टी के बीच स्थित चक्र को अशोक चक्र कहा जाता है और इसमें 24 तीलियाँ होती हैं। भारतीय मानक संस्थान यानी आईएसआई के द्वारा निर्धारित मानक के अनुसार चक्र सफ़ेद पट्टी के 75 प्रतिशत भाग पर फैला होना चाहिए। राष्ट्रीय ध्वज हमारे सबसे सम्मानजनक राष्ट्रीय चिह्नों में से एक है। इसके निर्माण और इसे फहराने को लेकर सख़्त क़ानून बनाये गये हैं। आधिकारिक ध्वज ब्यौरे के अनुसार ध्वज का कपास, सिल्क और वूल को हाथ से कात कर बनायी खादी से बना होना आवश्यक है।

1904 का काल : भारतीय राष्ट्रीय ध्वज का इतिहास स्वतन्त्रता मिलने से भी पहले का है। सन् 1904 में पहली बार राष्ट्रीय ध्वज अस्तित्व में आया। इसे स्वामी विवेकानन्द की एक आयरिश शिष्य ने बनाया था। उनका नाम सिस्टर निवेदिता था। कुछ समय बाद यह सिस्टर निवेदिता के ध्वज के नाम से पहचाना जाने लगा। उस ध्वज का रंग लाल और पीला था। लाल रंग स्वतन्त्रता के संग्राम और पीला रंग उसकी विजय का प्रतीक था। उस पर बंगाली में 'बान्दे मातरम्' लिखा था। इसके साथ ही ध्वज पर भगवान इन्द्र के हथियार वज्र का भी निशान था और बीच में एक सफ़ेद कमल बना था। बज्र का निशान शक्ति और कमल शुद्धता का प्रतीक था।

1906 में भारतीय ध्वज : सिस्टर निवेदिता के ध्वज के बाद सन् 1906 में एक और ध्वज डिजाइन किया गया। यह एक तिरंगा झण्डा था और इसमें तीन बराबर पट्टियाँ थीं। इसमें सबसे ऊपर नीला, बीच में पीला और तल में लाल रंग था। इसकी नीली पट्टी में अलग-अलग आकार के आठ सितारे बने थे। लाल पट्टी में दो चिह्न थे, पहला सूर्य और दूसरा एक सितारा और अर्धचन्द्राकार बना था। पीली पट्टी पर देवनागरी लिपि में 'वन्देमातरम्' लिखा था।

सन् 1906 में इस ध्वज का एक और संस्करण बनाया गया। यह भी एक तिरंगा था पर इसके रंग अलग थे। इसमें नारंगी, पीला और हरा रंग था और इसे 'कलकत्ता ध्वज' या 'लोटस ध्वज' के नाम से जाना जाने लगा, इसमें

आठ आधे खुले कमल थे। माना जाता है कि इसे शचीन्द्र प्रसाद बोस और सुकुमार मित्रा ने बनाया था। इसे 7 अगस्त 1906 को कलकत्ता के पारसी बागान में फहराया गया था। इसे बंगाल के विभाजन के ख़िलाफ़ बहिष्कार दिवस के दिन सर सुरेन्द्रनाथ बनर्जी ने भारत की एकता के प्रतीक के तौर पर फहराया था।

मैडम भीकाजी का 1907 में भारतीय ध्वज : भीकाजी कामा ने 22 अगस्त 1907 को एक और तिरंगा जर्मनी में फहराया। इसमें हरा रंग सबसे ऊपर, बीच में केसरिया और सबसे नीचे लाल रंग था। हरा रंग इस्लाम और केसरिया हिन्दू एवं बौद्ध धर्म का प्रतीक कहा गया। हरे रंग की पट्टी में आठ कमल थे, जो ब्रिटिश हुकूमत के समय भारत के आठ प्रान्तों को दर्शाते थे। लाल रंग की पट्टी पर चाँद और सूरज बने हुए थे, इसके ऊपर 'वन्देमातरम्' लिखा था। इस तिरंगे को भीकाजी के साथ वीर सावरकर और श्याम जी कृष्ण वर्मा ने मिलकर बनाया था। यह ध्वज रंगों और इस पर बने फूल के अलावा सन् 1906 के ध्वज से काफ़ी मिलता-जुलता था। इस झण्डे के तीन रंग थे, नीला, पीला और लाल और इसमें फूल का आकार काफ़ी बड़ा था। यह ध्वज विदेशी धरती पर फहराया जाने वाला पहला ध्वज बन गया। उस दिन से इसे बर्लिन कमेटी ध्वज भी कहा जाने लगा।

1916 में पिंगली वैंकया का ध्वजा : पूरे राष्ट्र को जोड़ने के उद्देश्य से सन् 1916 में एक लेखक और भूभौतिकीविद् पिंगली वैंकया ने एक ध्वज डिजाइन किया। उन्होंने महात्मा गांधी से मिलकर ध्वज को लेकर उनकी मंजूरी माँगी। महात्मा गांधी ने उन्हें ध्वज पर भारत के आर्थिक उत्थान के प्रतीक के रूप में चरखे का चिह्न बनाने का सुझाव दिया। पिंगली ने हाथ से काती गयी खादी का एक ध्वज बनाया। उसमें लाल व हरे रंग की पट्टियों पर चरखा लगाया। महात्मा गांधी का मानना था कि लाल व हरा रंग तो हिन्दू और मुस्लिम समुदायों का प्रतिनिधित्व करते हैं। इसलिए अन्य अल्पसंख्यक समुदायों के लिए सबसे ऊपर सफ़ेद रंग भी जोड़ा जाये। इस ध्वज को 1917 में होम रूल आन्दोलन के दौरान अपनाया गया। इसे कांग्रेस के अहमदाबाद सम्मेलन में फहराया गया, किन्तु यह झण्डा कांग्रेस का आधिकारिक झण्डा नहीं बन सका। बहुत से लोग झण्डे की साम्प्रदायिक व्याख्या से नाखुश थे।

कई संगठनों ने राय दी कि गेहुंआ रंग हिन्दू संन्यासी और मुस्लिम फ़क़ीर दोनों का प्रतिनिधित्व करता है, इसलिए झण्डे में यह रंग होना चाहिए। इसके बाद सिख भी झण्डे में पीले रंग को अपनाने की ज़िद करने लगे। 1931 में कांग्रेस की कार्यकारिणी ने सात सदस्यीय कमेटी का गठन करने का निर्णय किया, जिसमें सरदार पटेल, नेहरू, मौलाना आज़ाद, मास्टर तारा सिंह, काका कालेलकर, डॉ. हार्डिकर एवं पट्टाभि सीतारमैया जैसे दिग्गज शामिल थे। इस कमेटी ने केसरिया रंग के झण्डे का निर्माण किया, जिसमें ऊपर चरखा बना हुआ था।

तिलक ने 1917 में बनाया झण्डा : बाल गंगाधर तिलक द्वारा गठित होम रूल लीग ने सन् 1917 में एक नया झण्डा अपनाया। उस समय भारत द्वारा डोमिनियन के दर्जे की माँग की जा रही थी। झण्डे पर सबसे उपर यूनियन जैक बना था। ध्वज के बचे हुए हिस्से पर पाँच लाल और चार नीली पट्टियाँ थी। इस पर हिन्दुओं में पवित्र माने जाने वाले सप्तर्षि नक्षत्र के सात तारे भी बने थे। इस पर ऊपर की ओर एक सितारा और एक अर्धचन्द्र भी बना था। यह ध्वज आम जनता में ज़्यादा लोकप्रिय नहीं हुआ।

1921 में भारतीय ध्वज : महात्मा गांधी चाहते थे कि राष्ट्रीय ध्वज में भारत के सभी समुदायों का प्रतिनिधित्व हो, इसलिए एक नया ध्वज बनाया गया। इस झण्डे में तीन रंग थे। इसमें सबसे ऊपर सफ़ेद, मध्य में हरा और सबसे नीचे लाल रंग था। इस ध्वज का सफ़ेद रंग अल्पसंख्यकों का, हरा रंग मुस्लिमों का और लाल रंग हिन्दू और सिख समुदायों का प्रतीक था। एक चरखा इन तीन पट्टियों पर फैलाकर बनाया गया था जो इनकी एकता का प्रतीक था। यह ध्वज आयरलैंड के ध्वज की तर्ज़ पर बनाया गया था जो कि भारत की तरह ही ब्रिटेन से स्वतन्त्रता पाने के लिए संघर्ष कर रहा था। हालाँकि कांग्रेस कमेटी ने इसे आधिकारिक ध्वज के तौर पर नहीं अपनाया पर भारत के स्वतन्त्रता संग्राम में राष्ट्रीयता के प्रतीक के तौर पर इसका व्यापक इस्तेमाल हुआ।

1931 में भारतीय ध्वज : ध्वज की साम्प्रदायिक व्याख्या से कुछ लोग ख़ुश नहीं थे। इसे ध्यान में रखते हुए एक नया झण्डा बनाया गया जिसमें लाल की जगह गेरुआ रंग रखा गया। यह रंग दोनों समुदायों की संयुक्त भावना का

प्रतीक था क्योंकि भगवा हिन्दू योगियों और मुस्लिम दरवेशों का रंग है। सिख समुदाय ने ध्वज में अपने प्रतिनिधित्व की माँग की अथवा धार्मिक रंगों को ध्वज से हटाने को कहा। नतीजतन, पिंगली वैंकया ने एक और ध्वज बनाया। इस नए ध्वज में तीन रंग थे। सबसे ऊपर भगवा, उसके नीचे सफ़ेद और सबसे नीचे हरा रंग। सफ़ेद पट्टी के मध्य में चरखा बना था। सन् 1931 में कांग्रेस कमेटी की बैठक में इस ध्वज को कमेटी के आधिकारिक ध्वज के तौर पर अपनाया गया था।

1947 में भारतीय ध्वज : भारत को आज़ादी मिलने के बाद भारत के राष्ट्रीय ध्वज पर चर्चा के लिए राजेन्द्र प्रसाद की अध्यक्षता में एक कमेटी बनायी गयी। कमेटी ने भारतीय राष्ट्रीय कांग्रेस के ध्वज को कुछ संशोधनों के साथ अपनाना तय किया। नतीजतन, 1931 के ध्वज को भारतीय राष्ट्रीय ध्वज के तौर पर अपनाया गया, लेकिन चरखे की जगह मध्य में चक्र रखा गया और इस तरह भारतीय राष्ट्रीय ध्वज अस्तित्व में आया। स्वतन्त्रता मिलने के बाद इसके रंग और उनका महत्त्व बना रहा। केवल ध्वज में चलते हुए चरखे के स्थान पर सम्राट अशोक के धर्मचक्र को दिखाया गया। इस प्रकार कांग्रेस पार्टी का तिरंगा ध्वज अन्ततः स्वतन्त्र भारत का तिरंगा ध्वज बना।

ब्रिटिश भारत का ध्वज (1858-1947) : ब्रिटिश भारत का ध्वज सन् 1858 में लाया गया। इसका डिजाइन पश्चिमी हेरैल्डिक मानकों के आधार पर था और यह कनाडा और ऑस्ट्रेलिया सहित अन्य ब्रिटिश कॉलोनियों के ध्वजों से मिलता-जुलता था। इस नीले बैनर पर ऊपरी बायें चतुर्थांश में यूनियन ध्वज और दाहिनी तरफ़ मध्य में शाही ताज और स्टार ऑफ़ इंडिया बना हुआ था।

तिरंगे पर विचार

डॉ. एस. राधाकृष्णन ने कहा कि यह ज्ञान हमें बताता है कि जब भी कोई क़दम बढ़ाएँ, हमेशा सतर्क रहें। एक मुक्त स्थिति के अनुरूप ढलने वाले, संवेदनशील, मर्यादित और लोकतान्त्रिक समाज के लिए काम करें, जिसमें ईसाई, सिख, मुस्लिम, हिन्दू और बौद्ध धर्म के लोग सुरक्षित आश्रय पायें।

महात्मा गांधी ने कहा कि भारत देश के झण्डे में यदि राष्ट्रीय चिह्न के तौर पर चरखा न हो तो मैं उसे सलाम नहीं करूँगा। आप जानते हैं कि भारत के राष्ट्रीय ध्वज का ख़याल सबसे पहले मेरे मस्तिष्क में आया और मैं ध्वज को चरखे के बिना सलाम नहीं कर सकता।

सरोजिनी नायडू, अबुल कलाम आज़ाद, के.एम. मुंशी एवं बी.आर. अम्बेडकर की ओर से इस झण्डे को स्वीकृति मिली। सरोजिनी नायडू ने कहा कि इस राष्ट्रीय ध्वज के नीचे खड़े लोगों में राजा और रंक, सामन्त और किसान, पुरुष और महिला के बीच किसी प्रकार का कोई भेदभाव नहीं है। मैं निवेदन करती हूँ कि सभी खड़े होकर इस ध्वज को सलाम करें।

कुछ रोचक तथ्य

विश्व की सबसे ऊँची चोटी माउंट एवरेस्ट पर 29 मई 1953 में भारतीय झण्डा फहराया गया। विदेशी धरती पर पहली बार भारतीय झण्डा मैडम भीकाजी कामा ने फहराया। उन्होंने इसे जर्मनी के स्टूटग्राट में 22 अगस्त 1907 को फहराया था। भारतीय राष्ट्रीय ध्वज पहली बार अन्तरिक्ष में विंग कमांडर राकेश शर्मा के साथ 1984 में गया। राकेश शर्मा के स्पेस सूट पर वह एक पदक की तरह जोड़ा गया था।

ध्वज संहिता

26 जनवरी 2002 को भारतीय ध्वज संहिता में संशोधन किया गया। स्वतन्त्रता के कई वर्षों बाद भारतीय नागरिकों की अपने घरों, कार्यालयों और फैक्ट्रियों में न केवल राष्ट्रीय दिवसों पर बल्कि किसी भी दिन बिना किसी रुकावट के तिरंगा फहराने की अनुमति मिल गयी। अब भारतीय नागरिक राष्ट्रीय झण्डे को शान से कहीं भी और किसी भी समय फहरा सकते हैं। बशर्ते, वे ध्वज संहिता का कठोरतापूर्वक पालन करें और तिरंगे की शान में कोई कमी न आने दें। सुविधा की दृष्टि से भारतीय ध्वज संहिता, 2002 को तीन भागों में बाँटा गया है। संहिता के पहले भाग में राष्ट्रीय ध्वज का सामान्य विवरण है। दूसरे से जनता, निजी संगठनों, शैक्षिक संस्थानों आदि के सदस्यों द्वारा राष्ट्रीय ध्वज प्रदर्शन के विषय में बताया गया है। संहिता का तीसरा भाग केन्द्रीय और राज्य सरकारों, उनके संगठनों एवं अभिकरणों द्वारा राष्ट्रीय ध्वज के प्रदर्शन के विषय में जानकारी देता है। ध्वज के उत्पादन के मानक तय करने के लिए एक कमेटी है। कमेटी ने इसे फहराने के लिए भी नियम बनाये हैं। इस कमेटी का नाम भारतीय मानक ब्यूरो है। इसने ध्वज सम्बन्धी सभी बातों जैसे कपड़ा डाई, रंग, धागों की गिनती और सभी बातों का विस्तृत विवरण दिया है। भारतीय ध्वज केवल खादी से बनाया जा सकता है। यह दो प्रकार की खादी से बनाया जाता है। एक प्रकार मुख्य हिस्से के काम आता है और दूसरा प्रकार जो ध्वज को डंडे से बाँधे रखता है।

क्या करें

राष्ट्रीय ध्वज को शैक्षिक संस्थानों (विद्यालयों, महाविद्यालयों, खेल परिसरों स्काउट शिविर आदि) में सम्मान देने की प्रेरणा देने के लिए फहराया जा

सकता है। विद्यालयों ध्वजारोहण में निष्ठा की एक शपथ शामिल की गयी है। किसी सार्वजनिक, निजी संगठन या एक शैक्षिक संस्थान के सदस्य द्वारा राष्ट्रीय ध्वज आरोहण, प्रदर्शन सभी दिनों, अवसरों और आयोजनों पर अथवा राष्ट्रीय ध्वज के मान-सम्मान और प्रतिष्ठा के अनुरूप अवसरों पर किया जा सकता है। नयी संहिता की धारा 2 में सभी नागरिकों को अपने घरों-परिसरों में ध्वज फहराने का अधिकार देना स्वीकार किया गया है।

क्या न करें

इस ध्वज को साम्प्रदायिक लाभ, पर्दे या वस्त्रों के रूप में इस्तेमाल नहीं किया जा सकता है। जहाँ तक सम्भव हो, इसे मौसम से प्रभावित हुए बिना सूर्योदय से सूर्यास्त तक फहराया जाना चाहिए। इस ध्वज को आशयपूर्वक भूमि, फ़र्श या पानी से स्पर्श नहीं कराया जाना चाहिए। इसे वाहनों के हुड, ऊपर और बग़ल या पीछे, रेलों, नावों या वायुयान पर लपेटा नहीं जा सकता। किसी अन्य ध्वज या ध्वज पट्ट को हमारे ध्वज से ऊँचे स्थान पर लगाया नहीं जा सकता है।

राष्ट्रीय प्रतीक होने के नाते हर भारतीय इसका सम्मान करते हैं। आम लोगों के लिए भारतीय ध्वज सम्बन्धी कुछ नियम बनाये गये हैं।

- राष्ट्रीय ध्वज को फहराते समय भगवा रंग सबसे ऊपर होना चाहिए।
- कोई भी ध्वज या प्रतीक राष्ट्रीय ध्वज से ऊपर या दाहिनी ओर नहीं रखा जाना चाहिए।
- यदि राष्ट्रीय ध्वज के साथ अन्य ध्वज भी एक ही कतार में लगाने हो तो उन्हें बायीं ओर लगाना चाहिए।
- यदि राष्ट्रीय ध्वज को किसी परेड या जुलूस में थामा जाता है तो उसे दाहिनी ओर लेकर मार्च करना होता है। यदि दूसरे ध्वज भी साथ हों तो उसे क़तार के मध्य में रखना होता है।
- सामान्यत: राष्ट्रीय ध्वज को महत्त्वपूर्ण इमारतों पर फहराया जाता है, जैसे राष्ट्रपति भवन, संसद भवन, सुप्रीम कोर्ट, हाई कोर्ट, सचिवालय, आयुक्त कार्यालय आदि।

- राष्ट्रीय ध्वज या उसकी नकल का इस्तेमाल व्यापार व्यवसाय या पेशे के लिए नहीं किया जाना चाहिए।
- राष्ट्रीय ध्वज को सूर्यास्त के समय उतारना आवश्यक है।

ध्वज संहिता के अनुसार भारत के नागरिकों को राष्ट्रीय ध्वज को कुछ महत्त्वपूर्ण दिन, जैसे गणतन्त्र दिवस, स्वतन्त्रता दिवस और महात्मा गांधी के जन्मदिन के अलावा फहराने का अधिकार नहीं है। प्रसिद्ध उद्योगपति नवीन जिंदल ने अपने कार्यालय के भवन पर झण्डा फहराने पर दी गयी चेतावनी को कोर्ट में चुनौती दी। उन्होंने इसके ख़िलाफ़ एक जनहित याचिका दायर की जो कि अभी विचाराधीन है, लेकिन फ़ैसला आने तक कोर्ट ने आम लोगों को सम्मानजनक तरीके से ध्वज फहराने की अस्थायी अनुमति दी है।

भारतीय सभ्यता और संविधान

पारम्परिक भारत ही आज के भारत का उद्भव और स्रोत है। यही भारत के अस्तित्व की रीढ़ है। दार्शनिक स्तर पर यही उसकी आत्मा है। यदि अत्यधिक आधुनिकता से अन्धे हो गये 'आधुनिक' भारतीय सभी परम्पराओं को पिछड़ी बताकर ख़ारिज नहीं करते और उनका असर महसूस करने से चूक नहीं जाते तो यह जीवन के हरेक क्षेत्र में नज़र आता है। भारत में दर्शन एवं अध्यात्म की खोज स्पष्ट दिखती है और समय-समय पर भारत के जनसामान्य को एक साथ लाती है तथा उन्हें उनकी धरती से ऐसे पवित्र विचार के माध्यम से जोड़ती है, जिसे कोई अन्य सभ्यता जानती ही नहीं है। वास्तव में लोगों को एकजुट करने और उन्हें उनकी धरती से जोड़ने की इस प्राचीन राष्ट्र की क्षमता ही राष्ट्रीयता का आधार है।

भारतीय सभ्यता ने अपनी धरती से मज़बूती से जुड़ी अपनी आस्था का न तो युद्ध के ज़रिये अपनी सीमा के बाहर विस्तार किया और न ही दूसरे लोगों या देशों पर इसे ज़बरन थोपा। इसीलिए इसकी आस्था न तो दूसरे क्षेत्रों या लोगों में गयी और न ही उनकी पहचान में इसकी मिलावट हुई। इसीलिए इसकी पहचान भारत की धरती से ही जुड़ी रही। इसका धार्मिक प्रभाव जब इसकी सीमाओं से बाहर गया तो भी भारतीय धर्म दूसरे क्षेत्रों की आस्थाओं और संस्कृतियों के साथ फले-फूले। उस क्षेत्र पर इस माध्यम से कहीं भी भारतीय शासन द्वारा स्थापित मंशा नहीं थी। जैसे भारत ने चीन पर बौद्ध मत थोपने का प्रयास नहीं किया। उसके बजाय चीन ने स्वयं ही बौद्ध मत स्वीकार किया। इंडोनेशिया और अन्य पूर्वी देशों में हिन्दू प्रभाव का मामला भी इसी तरह का था।

जो धर्म भारत भूमि से जुड़ी आस्थाओं का समूह है, उसकी अनूठी विशेषता यह है कि वह टकराव से दूर रहता है। सहिष्णुता के सिद्धान्त वाले इस धर्म ने कभी किसी अन्य धर्म का विरोध नहीं किया है। इसके उलट इसने दूसरे सभी धर्मों को सबको समाहित करने वाले अपने समुदाय में मिला लिया। चूँकि यह टकराव से दूर रहता है, इसलिए इसमें बिल्कुल भी आक्रामकता नहीं रही। इसने सर्व धर्म समभाव के सिद्धान्त में विश्वास किया। इन्हीं परम्पराओं ने सदियों तक संरक्षण देने वाली सत्ता नहीं होने और इसकी आत्मा को नीचा दिखाने तथा नष्ट करने पर आमादा शत्रु सत्ता होने के बाद भी इस प्राचीन देश का अस्तित्व बरकरार रखा है। इसकी आत्मा की रक्षा की है। कोई भी 'आधुनिक' सत्ता अज्ञात काल की इस प्राचीनता और परम्पराओं की लगातार सहायता के बगैर इस देश में नहीं चल सकती। यह पारम्परिक भारत आध्यात्मिक भारत से जुड़ा हुआ है और उससे अलग नहीं हो सकता।

लेकिन भारत को संगठित देश का व्यक्तित्व देने में पारम्परिक भारत का महत्त्व एकदम स्पष्ट होने के बाद भी स्वतन्त्र भारत के संविधानवाद और राजनीतिक प्रतिष्ठान ने 'आधुनिक' भारत का सफलतापूर्वक वास्तविक भारत के रूप में गठन किया है और प्रचारित भी किया है। और 'आधुनिक' संवैधानिक भारत पारम्परिक भारत पर गर्व तो क्या करेगा, उसने उतनी ही सफलता के साथ उस भारत को भूलने लायक और खेद करने लायक ख़राबी बताते हुए तुच्छ बना दिया है। पारम्परिक भारत को झगड़ालू और कठिन तथा पिछड़ा बताते हुए आधुनिक भारत उसे बोझ की तरह ख़ारिज करता गया। ऐसा करते-करते और पारम्परिक भारत के बारे में अपनी कल्पनाओं को सच मानकर आधुनिक भारत ने स्वयं को उन आध्यात्मिक मूल्यों से काट लिया, जो पारम्परिक भारत के हृदय में बसी हैं।

'आधुनिक' भारत का विचार दार्शनिक स्तर पर प्राचीन अंग्रेज़ी मॉडल पर आधारित है जिसे ईसाइयत के उन प्रयोगों और अनुभवों पर गढ़ा गया है, जो व्यक्तिवाद, धर्मनिरपेक्षता तथा उदारता को आधुनिकता का पोषक मानती है और उसे ही प्रतीक के तौर पर इस्तेमाल करती है। संक्षेप में कहा जाये तो आधुनिक भारत ऐसी अनूठी और मोहक प्रयोगशाला है, जो इस प्राचीन राष्ट्र के मूल एवं स्थानीय विचारों को पूरी तरह अनदेखा करते हुए इस पर प्राचीन

अंग्रेज़ी अनुभवों को थोपकर प्रयोग करने में लगातार जुटी है। भारत में ज़बरन थोपी गयी आधुनिकता का प्रतिनिधित्व करने वाले इस अनजाने दर्शन और बाहरी संस्थानों ने पिछले कुछ वर्षों में पारम्परिक भारत के सौहार्द को बिगाड़ दिया है। इसकी राजनीतिक व्याख्या ने अन्त में वोट बैंक की राजनीति तैयार कर दी है।

उच्चतम न्यायालय द्वारा दिये गये विभिन्न फ़ैसले पारम्परिक भारत के प्रति धर्मनिरपेक्ष भारत के रुख को चुनौती देने में उतने ही प्रभावी रहे हैं, जितना स्वयं पारम्परिक भारत सम्पूर्ण प्राचीन भारतीय साहित्य की स्रोत रही संस्कृत भाषा का मामला ही लीजिए। धर्मनिरपेक्ष भारत ने उसे कोस-कोसकर एक तरह से भुला ही दिया था और देखिए कि न्यायपालिका ने प्राचीन भाषा के प्रति धर्मनिरपेक्ष भारत की आपत्तियों को किस प्रकार निपटाया है। 'धर्मनिरपेक्ष' भारत ने संस्कृत को एक प्रकार से मृत भाषा ही करार दे दिया—और इसे हिन्दू धर्म से भी जोड़ दिया था। इसे राष्ट्रीय, सांस्कृतिक सम्पत्ति के बजाय धार्मिक भाषा बनाकर पेश किया था। इसने तो आँखें मूँदकर यहाँ तक कहा था कि संस्कृत को बढ़ावा देने का अर्थ हिन्दू धर्म को बढ़ावा देना होगा और बहुसंख्यकों के अतिक्रमण के रूप में यह धर्मनिरपेक्षता का उल्लंघन होगा। इसके उलट उर्दू के प्रोत्साहन को धर्मनिरपेक्ष भारत ने अल्पसंख्यकों के प्रति सरकार के संवैधानिक कर्तव्यों का हिस्सा बताया। किन्तु न्यायपालिका ने अलग रुख अपनाया और संस्कृत को समुचित स्थान दिया। उच्चतर न्यायपालिका द्वारा धरती की व्याख्या और हिन्दू पद्धति अथवा हिन्दुत्व को भारत का सदियों पुराने सामाजिक-सांस्कृतिक अवलम्ब बताना न्यायिक व्याख्या भर नहीं थी। वास्तव में यह उन सामाजिक, सांस्कृतिक, वैचारिक तथा राजनीतिक नियमों को स्वीकार करना है, जिन्होंने भारत की जनता और भूमि को उनकी विशिष्ट पहचान प्रदान की है।

विकृत धर्मनिरपेक्षता के रखवालों द्वारा भारत के परिवेश के हिन्दू अवलम्ब को नकारे जाने के वर्तमान चलन के बाद भी स्वतन्त्रता आन्दोलन के नेताओं ने इन अवलम्बों को बहुत महत्त्व दिया है। स्वतन्त्र भारत द्वारा स्थापित लोकतान्त्रिक संस्थाओं के ढाँचे में इसे सूक्ष्म रूप से लेकिन आग्रह के साथ समाहित कर दिया गया है। हमारा संविधान, हमारी संसद, हमारी सर्वोच्च

न्यायपालिका और राज्य के अन्य महत्त्वपूर्ण अंग स्पष्ट रूप से स्वीकार करते हैं कि स्वतन्त्र भारत का भाग्य गढ़ने के लिए प्रेरणा का अन्तिम स्रोत हज़ारों वर्ष पुराने हिन्दू आदर्श तथा सभ्यतागत सम्बन्ध ही होंगे। भारत की राजनीतिक प्रणाली के संस्थापकों के मन में इस बात को लेकर लेशमात्र भी सन्देह नहीं था कि भारत बहुलवादी और लोकतान्त्रिक राज्य तभी रह पायेगा, जब यह लोकतान्त्रिक और बहुलवादी हिन्दुत्व के बुनियादी मूल्यों से जुड़ा रहेगा।

सम्भवत: यही कारण था कि धर्मनिरपेक्षता शब्द को भारतीय संविधान के पाठ में शामिल नहीं किया गया। क्योंकि यह बात बिना हिचक स्वीकार कर ली गयी थी कि हिन्दू बहुसंख्यक भारत देश में रहने वाले विभिन्न धर्मों के लोगों के साथ राज्य का सम्बन्ध स्थापित करने में धर्मनिरपेक्ष और निष्पक्ष रहेगा। लेकिन 1976 में आपातकाल के दौरान उन लोगों के दबाव के कारण 42वें संशोधन के ज़रिये धर्मनिरपेक्ष शब्द संविधान में शामिल कर दिया गया, जो लोग भारतीय सभ्यता के मूलभूत मूल्यों में विश्वास नहीं करते थे। 42वें संशोधन के अनुसार संविधान की प्रस्तावना में 'सम्प्रभु लोकतान्त्रिक गणराज्य' शब्दों के स्थान पर 'सम्प्रभु समाजवादी धर्मनिरपेक्ष लोकतान्त्रिक गणराज्य' शब्द डाल दिये गये।

भारतीय संविधान के जनक भारत की हिन्दू धरोहर से परिचित मालूम होते थे। संविधान सभा द्वारा स्वीकार किये गये संविधान की पहली प्रति में सर्वाधिक चित्र दिये गये हैं। संविधान के मुख्य पाठ में कुल 21 रेखाचित्र हैं। ये चित्र संविधान के प्रत्येक भाग के आरम्भ में दिये गये हैं। इनसे बहुत दिलचस्प जानकारी मिलती है। ये चित्र भारतीय इतिहास के विभिन्न कालखण्डों का प्रतिनिधित्व करने के लिए चुने गये हैं। भारतीय संविधान ने भारत के इतिहास को निम्नलिखित कालखण्डों में बाँटा है—

1. मोहनजोदड़ो काल
2. वैदिक काल, महाकाव्य काल
3. महाजनपद एवं नन्द काल
4. मौर्य काल
5. गुप्त काल
6. मध्ययुगीन काल
7. मुस्लिम काल
8. ब्रिटिश काल
9. भारत का स्वतन्त्रता आन्दोलन
10. स्वतन्त्रता के लिए क्रान्तिकारी आन्दोलन।

भारत के मूल संविधान में भारतीय इतिहास के विभिन्न पड़ाव को दर्शाया गया है। इसमें भारतीय जीवन के प्रेरणादायी प्रसंगों, परम्परा और हमारे आदर्शों को प्रमुखता से स्थान दिया गया है। इसमें भारतीय चिन्तन के आदिपुरुष महादेव के साथ मर्यादा पुरुषोत्तम श्रीराम और लीलाधारी योगेश्वर श्रीकृष्ण को दर्शाया गया है। महात्मा बुद्ध और वर्द्धमान महावीर की शिक्षा और उपदेश को प्रमुखता से स्थान दिया गया है। महाराज विक्रमादित्य के दरबार, अकबर, शिवाजी, गुरु गोविन्द सिंह, लक्ष्मीबाई, टीपू सुल्तान भी संविधान के विभिन्न भागों में उल्लेखित अनुच्छेद के पूर्व दर्शाये गये हैं। भारत का विश्व में धर्म प्रचार और ज्ञान के केन्द्र को भी संविधान में स्थान दिया गया है। संविधान पूर्ण रूप से एक चेतना सत्ता है, जिसमें दस हज़ार साल की सभ्यता, संस्कृति, आदर्श और परम्परा को जीवित किया गया है।

1. संविधान के भाग एक में संघ और उसके सम्बन्धित क्षेत्रों का उल्लेख किया गया है। इस पृष्ठ पर मोहनजोदड़ो की मुहर को दर्शाया गया है।

2. संविधान का भाग दो नागरिकों से सम्बन्धित है। नागरिकों के बारे में वर्णित पृष्ठ पर गुरुकुल आश्रम का वर्णन किया गया है।

3. भारतीय संविधान के भाग तीन में मूलभूत अधिकारों का वर्णन किया गया है। उसमें लंका की राक्षस सेना पर राम की विजय और सीता व लक्ष्मण के साथ धर्म की स्थापना के रूप में फोटो रखा गया है।

4. अर्जुन को गीता का उपदेश देते कृष्ण

5. उपदेश देते भगवान बुद्ध

6. भगवान महावीर के जीवन का एक दृश्य

7. भारत एवं विदेश में धार्मिक प्रवचन

8. हनुमान का चित्र

9. महाराज विक्रमादित्य का दरबार

10. नालन्दा विश्वविद्यालय की मुहर

11. लंका की राक्षस सेना पर राम की विजय, सीता के रूप में धर्मनिष्ठा एवं गुण पुन: प्राप्त करना

12. ओडिशा से एक हिन्दू मूर्ति

13. शिव नटराज की कांस्य प्रतिमा

14. पृथ्वी पर गंगावतरण

15. मुस्लिम काल का चित्रण करने के लिए दो रेखाचित्र चुने गये हैं। ये हैं :

1. अकबर का चित्र

2. शिवाजी और गुरु गोविन्द सिंह के चित्र

16. ब्रिटिश एवं भारत के स्वाधीनता आन्दोलन के काल से चुने गये चित्र :

1. टीपू सुल्तान

2. रानी लक्ष्मीबाई

3. नेताजी सुभाषचन्द्र बोस

4. महात्मा गांधी

संविधान के मुख्य भाग से दिये गये चित्रों के अध्ययन से इस बात की पुष्टि होती है कि न तो मनमाने ढंग से चुने गये हैं और न ही कुछ सोचे बग़ैर चुने गये हैं। ये संविधान के पृष्ठों को कलात्मक तरीक़े से सजाने भर के लिए नहीं है। उसके बजाय ये भारत की प्रकृति और उन मूल्यों का प्रतिनिधित्व करने के लिए चुने गये लगते हैं, जिन्हें संविधान अपने लिखित शब्दों के माध्यम से बल देने का प्रयास करता है। संविधान निर्माताओं के मन में इस बात को लेकर बिल्कुल भी संदेह नहीं था कि इस देश की हिन्दू विरासत ही वह चट्टान है, जिस पर संविधान की भावना टिकी है। मुग़ल काल का वर्णन करने के लिए चुने गये चित्र भी एक कहानी कहते हैं। पूरे काल में से केवल अकबर को चुना गया, जो हिन्दू आदर्शों एवं भावना के क़रीब आते हैं। शिवाजी और गुरु गोविन्द सिंह को इसीलिए चुना गया क्योंकि उन्होंने इस्लामी धार्मिक प्रभुत्व के माध्यम के रूप में काम कर रहे मुग़ल शासन के दमन एवं क्रूरता के विरुद्ध संघर्ष किया।

ब्रिटिश काल और भारत के स्वाधीनता आन्दोलन के युग से चुने गये चित्र भी विशिष्ट हैं। टीपू सुल्तान और रानी लक्ष्मीबाई, दोनों यूरोपीय औपनिवेशिक

प्रभुत्व के विरुद्ध युद्ध करते रहे थे। 'स्वाधीनता के क्रान्तिकारी आन्दोलन' वाले चरण से चुना गया एक अन्य चित्र नेताजी सुभाष चन्द्र बोस का है, जिनके पराक्रम और उत्सर्ग ने स्वतन्त्रता सेनानियों का मनोबल ऊँचा किया और समाज के अन्य वर्गों पर भी व्यापक प्रभाव डाला। भारत के स्वाधीनता आन्दोलन का विषय का प्रतिनिधित्व करने के लिए केवल महात्मा गांधी को चुना गया, जिनका हिन्दू मूल्यों, हिन्द स्वराज और राम राज्य के साथ गहरा सर्वविदित है। भारत के संविधान में इस प्रकृति का वर्णन करने के लिए हिन्दू चरित्रों को चुना है।

भारतीय शासन की सबसे महत्त्वपूर्ण संवैधानिक और प्रशासनिक इकाइयों में भी हिदुत्व की सुगन्ध व्याप्त है। लोकसभा का प्रमुख अध्यक्ष होता है और अध्यक्ष के आसन के ऊपर मोटे अक्षरों में लिखा है : धर्मचक्र प्रवर्तनाय (धर्म का पहिया चलाने के लिए)। प्राचीन भारत के शासकों ने धर्म के मार्ग को अपना कार्यक्षेत्र माना था और स्वतन्त्र भारत की राजनीति को सँभालने वालों ने धर्मचक्र को राष्ट्रीय ध्वज पर अंकित कर और उससे सम्बन्धित ध्येय वाक्य को सर्वोच्च विधायी निकाय के केन्द्र में लिखकर इसी विचार को स्वीकार किया।

भारत की संसद में कई स्थानों पर हिन्दू चरित्र की याद दिलाने वाले प्रमुख चिह्न हैं :

1. द्वार संख्या 1 पर उकेरा गया है – लोकद्वारंपात्राः अनुपश्येमत्वं वयवेरा (छान्दोग्य उपनिषद) अर्थात "लोगों के कल्याण के लिए द्वार खोल दो और उन्हें सम्प्रभुता का मार्ग दिखाओ।"
2. केन्द्रीय कक्ष के द्वार पर – अयं निजः परोवेति गणना लघुचेतसाम, उदारचरितानां तु वसुधैव कुटुम्बकम् (पंचतंत्र) अर्थात यह मेरा है, यह पराया है। यह संकीर्ण हृदय वाले सोचते हैं। उदार चरित्र वाले पूरे संसार को एक ही परिवार मानते हैं।
3. लिफ्ट संख्या 1 के निकट गुम्बद पर – न सा सभा यत्र न सन्ति वृद्धः वृद्ध न से ये न वदन्ति धर्मम्, धर्मः स नो यत्र म सत्यमरित, सत्यम् न तच्छलमभ्युपैति (महाभारत) अर्थात 'वह सभा नहीं है, जिसमें वृद्ध न

हों, वह युद्ध नहीं है, जो धर्म के अनुसार नहीं बोलता, वह धर्म नहीं है, जहाँ सत्य नहीं हो, वह सत्य नहीं है, जिसमें छल हो।'

4. लिफ्ट संख्या 2 के निकट गुम्बद पर – सभा वा न प्रवेष्टव्या, वक्तव्यं वा समंजसम्, अब्रुवन् विद्रुवन् वापि, नरौ भवति किल्विषी (मनुस्मृति) अर्थात 'या तो सभा में प्रवेश न करें या उसके भीतर जायें तो धर्मानुसार ही बोलें क्योंकि नहीं बोलने वाला अथवा असत्य बोलने वाला समान रूप से पाप का भागी होता है।'

हिन्दू धरोहर और उसकी मूल्य परम्पराओं का भारत के कानूनी एवं प्रशासनिक जीवन पर प्रभाव उस समय और भी स्पष्ट हो जाता है, जब हम विभिन्न संस्थानों द्वारा अंगीकृत किये गये मूल आदर्शों को देखते हैं। कुछ उदाहरण इस प्रकार हैं :

1. भारत सरकार — सत्यमेव जयते
2. लोकसभा — धर्मचक्र प्रवर्तनाय
3. उच्चतम न्यायालय — यतोधर्मस्ततोजय:
4. आकाशवाणी — बहुजनहिताय
5. दूरदर्शन — सत्यम् शिवम् सुन्दरम्
6. भारतीय सेना — सेवा अस्माकम धर्म:
7. भारतीय नौसेना — शन नो वरुण
8. भारतीय वायुसेना — नभ: स्पृशम् दीप्तम्
9. दिल्ली विश्वविद्यालय — निष्ठा धृति सत्यम्
10. जीवन बीमा — योगक्षेमम् वहाम्यहम्

ये आदर्श धार्मिक रूढ़ियों के वाहक नहीं होते हैं। ये सभ्यतागत मूल्य होते हैं, जो गहन मानवीयता और न्यायसंगत जीवन की प्रतिबद्धता के सूचक होते हैं। ये सद्गुण हैं। हिन्दू जीवन पद्धति की प्राचीन मूल्य परम्परा है, जिन्हें स्वीकार करना आधुनिक भारत के लोकतान्त्रिक शासन के भविष्य के लिए उत्तम माना गया है।

सन्दर्भ ग्रन्थ सूची

1. लालबहादुर वर्मा : यूरोप का इतिहास, प्रकाशन संस्थान, पृष्ठ 9,1990।
2. एलपी शर्मा : प्राचीन भारत दर्शनम् संस्करण, प्रकाशक लक्ष्मी नारायण अग्रवाल, आगरा, पृष्ठ 357।
3. वही, पृष्ठ 358।
4. वीर सावरकर, भारतीय इतिहास के छह स्वर्णिम पृष्ठ, तृतीय भाग, पृष्ठ 29।
5. बलराज मधोक 'हिन्दू राज्य', पृष्ठ 41।
6. सोमदेवसूरि : नीति वाक्यामृत 7 एवं 8।
7. दशरथ वर्मा : लेक्चर्स ऑन राजपूत हिस्ट्री एंड कल्चर, पृष्ठ 12।
8. हरिश्चन्द्र वर्मा : मध्यकालीन भारत हिन्दी माध्यम कार्यान्वयन निदेशालय, नयी दिल्ली, 1992, पृष्ठ 58।
9. बी.एस. नॉयपाल : भारत एक आहत सभ्यता, प्रभात प्रकाशन, नयी दिल्ली, पृष्ठ 14,15
10. रामचन्द्र गुहा : विकास की भेंट न चढ़ विरासत : दैनिक भास्कर, पृष्ठ 10, दिनांक 24.02.12
11. भगवा ध्वज, नारायण हरि पालकर : सुरुचि प्रकाशन, नयी दिल्ली।
12. ध्वज समिति की अनुशंसा, भगवा ध्वज का हो राष्ट्र ध्वज : स्वदेश पत्रिका, 13 अगस्त 2022 अंक।
13. भारतीय ध्वज का सफ़र : हिस्ट्री ऑन दी फ्लैग ऑफ़ इंडिया : केयूसीएचएचएनएवाईए डॉट कॉम।
14. हमारे हेडगेवार जी, डॉ. श्याम बहादुर वर्मा।

15. भारत की राजनीति का उत्तरायण : सूर्यकान्त बाली, प्रभात प्रकाशन, नयी दिल्ली।
16. भगवा का विस्तार है तिरंगा, भारत की राजनीति का उत्तरायण : सूर्यकान्त बाली, प्रभात प्रकाशन, नयी दिल्ली।
17. जानिए संघ को, अरुण आज़ाद।
18. भगवाकरण या भगवा प्रबन्धन, डॉ. त्रिलोकीनाथ क्षत्रिय जी : आर्यामंत्रव्या, 6 अप्रैल 2015।
19. ब्रह्मचारी क्यों पहनते हैं भगवा वस्त्र : सद्गुरु : ईशा डॉट सद्गुरु डॉट ओआरजी।
20. इस तरह हज़ारों वर्ष तक याद रखे गये वेद : धर्म संसार : वेब दुनिया।
21. हिन्दू धर्म में भगवा रंग ही क्यों : अनिरुद्ध जोशी शतायु : वेब दुनिया।
22. The seven Chakra : The times of India, 22 March, 2018.
23. Heliodors pillar : https://hi.wikipedia.org/wiki
24. Ashok Chakra : https://bharatdiscovery.org/india